AF240864

Jusqu'au dernier Ukrainien

Régis Le Sommier

Jusqu'au dernier Ukrainien
Récit d'un *reporter* de guerre

Max Milo

© Max Milo, Paris, 2023

www.maxmilo.com

ISBN : 9782315010783

1.
L'étrange Carl Larson

Le bus marque l'arrêt au centre d'un village.

— C'est ici, annonce Max.

Les Français prennent leur paquetage. Nous marchons deux kilomètres environ jusqu'à un point désigné par le GPS du *smartphone* de Max. Au détour d'un virage, des soldats ukrainiens viennent à notre rencontre.

— On est Français. On vient pour la légion ukrainienne.

Un des soldats passe un coup de fil. Quelques minutes plus tard, un homme de corpulence athlétique, habillé de gris et portant un bonnet commando sur la tête sort d'un véhicule.

— Vous avez une formation militaire ? demande-t-il après une poignée de mains.

Max et Sabri acquiescent. Ce militaire est américain.

— On m'appelle le Grinch, dit-il aux Français qui n'ont aucune idée à quoi fait référence ce surnom.

Les soldats ukrainiens autour non plus, d'ailleurs. Le Grinch, c'est le père Fouettard des Américains, un personnage grincheux et verdâtre tiré d'une bande dessinée de Theodor Seuss Geisel, dont l'objectif est de gâcher la fête de Noël. Cette référence culturelle traduit bien la disposition d'esprit de cet Américain qui imagine naturellement que le monde entier connaît le Grinch. Il annonce faire partie d'une équipe d'instructeurs américains venus former les volontaires étrangers.

— Je suis là pour remettre de l'ordre chez les internationaux, dit-il aux Français. Ici, c'est moi qui commande. Trop d'individus se sont présentés au centre et ils n'avaient rien à y fiche.

Les volontaires français l'écoutent sans piper mot. Il passe maintenant aux instructions et décrète :

— Si vous possédez des téléphones internationaux, il faudra les couper ou prendre des cartes SIM locales.

C'est à ce moment que je lui avoue que Noël, mon acolyte, et moi sommes des journalistes. Jusque-là, il pensait naturellement que nous étions des volontaires. Son visage se ferme aussitôt. Quoi ? Des journalistes qui ont osé s'aventurer jusqu'ici ? L'Américain est contrarié. Peut-être se rend-il compte qu'il en a trop dit. Il choisit de régler le problème de manière radicale :

— Vous n'avez rien à faire ici, me lâche-t-il d'un ton glacial.

Je proteste en invoquant le droit à l'information :

— Le public français a le droit de savoir ce qu'il advient de ses compatriotes venus combattre aux côtés des Ukrainiens.

L'homme est embarrassé. En bon Américain, et même si sa présence ici relève du domaine des opérations clandestines, il croit que le droit à l'information est sacré. Il s'agit d'une vertu de son pays. Techniquement, il n'a pas le droit de nous demander de partir. Alors il joint au téléphone ses homologues ukrainiens et, comme pour se défausser sur eux, leur demande :

— Vous ne voulez pas de reporters, n'est-ce pas ?

Il se tourne alors vers moi et avec toute la blancheur de ses dents blanches m'annonce :

— Ils ne veulent pas de *reporters*.

Il m'explique alors sa démarche d'un ton plus conciliant. Il est venu aider les Ukrainiens. Il combat pour la liberté des peuples, un grand classique américain que j'entends depuis l'Irak... Toutefois, à la façon avec laquelle il nous a parlé tout à l'heure, cet individu exerce clairement des responsabilités. J'ai pas mal traîné avec les militaires américains en Irak. Je sais d'instinct reconnaître celui qui dirige et ce, quel que soit son accoutrement. Au vu du comportement docile des Ukrainiens autour de lui, cet homme n'est pas un simple soldat rempli de bonne volonté. Il aurait pu se contenter de décliner son statut d'instructeur, dire qu'il était chargé de la formation, et qu'il venait des États Unis, cela aurait suffi. Mais son ton directif, ce « ici, c'est moi qui commande ! » ne laisse aucun doute.

J'ai effectué des recherches sur lui. J'ai retrouvé ainsi un entretien qu'il a donné au *Seattle Times*. Il s'appelle Carl Larson et reconnaît faire partie des instructeurs américains venus aider l'armée ukrainienne contre la Russie. Or, quand nous l'écoutions avec les volontaires, tout le monde pensait la même chose. La scène était digne de figurer dans le *Bureau des Légendes*. Il existe aussi des éléments curieux dans son parcours. C'est un vétéran de la guerre d'Irak. Il a fait partie d'un contingent militaire ayant participé à la phase initiale de l'invasion. Puis il disparaît. Aujourd'hui, est-il encore sous les drapeaux ? Est-il en mission pour le Pentagone ? Je ne peux pas l'affirmer. J'ai tenté de le vérifier grâce à des contacts dans l'armée américaine et dans le renseignement français, mais je n'ai pas eu de réponses. La guerre d'Ukraine comporte une grosse part de dissimulation.

Ce que je peux confirmer c'est que, dans le cadre du recrutement des volontaires étrangers qui vont combattre en Ukraine, c'est bien un vétéran américain qui était aux commandes. Un autre article du *Seattle Times* est paru sur lui le 25 octobre 2022. On y apprend que, après son affectation à la sélection des recrues internationales,

1. L'étrange Carl Larson

Carl Larson a formé une unité déployée sur le front de Kharkiv. Puis il est rentré au pays. Sur son rôle dans la sélection des volontaires de la Légion ukrainienne, il est écrit qu'il était réticent au départ, en partie à cause des recrues « instables ou sans expérience militaire ». Il aurait, nous dit encore l'article, lui-même hésité à rejoindre la Légion par peur d'y être mal employé. « Finalement, après des discussions avec des représentants ukrainiens, il a accepté de sélectionner puis de former une unité avant d'être envoyé au front. »

Il a fallu partir vite après que nous nous sommes dévoilés à l'Américain. On ne nous a pas donné l'autorisation de souhaiter bon courage à nos amis. Juste un regard, un petit signe de la main avant qu'ils n'embarquent à bord d'une Opel Corsa, à ma grande surprise immatriculée dans l'Essonne et conduite par l'Américain.

Le lendemain de ce départ précipité, Sabri m'expliquera dans un SMS qu'ils sont partis en bus vers une ligne de front où ils doivent relever une unité. Ils ont signé un engagement jusqu'à la fin de la guerre.

2.
La résurrection de la relique

En réalité, l'histoire ne commence pas exactement ainsi. L'Histoire non plus, d'ailleurs. Mais elle est bien entre les mains des Américains. Pour preuve, le 3 janvier 2023, le sénateur Lindsey Graham lançait :

— Je suis satisfait par la voie que nous avons prise. Avec les armes américaines et notre argent, l'Ukraine combattra la Russie jusqu'au dernier Ukrainien.[1]

Déclaration incroyable mais honnête, car elle définit avec une clarté parfaite les intentions américaines dans cette guerre. Il ne s'agit pas tant d'aider l'Ukraine que d'affaiblir ou d'abattre la Russie. La mission de l'OTAN envisage de saigner à blanc un pays, d'utiliser son peuple, son armée, ses fils et ses filles, sans envoyer un seul soldat américain combattre directement sur place. Il faut croire Graham sur parole. Il a été, avec feu son vieux compère John McCain, derrière toutes les aventures militaires américaines des vingt dernières années, avec un *leitmotiv* : l'intervention à tout prix.

Parfois, ce duo de va-t-en-guerres a poussé en vain pour l'obtenir. Ainsi, le président Barak Obama, n'a pas cédé à leurs injonctions de frapper la Syrie de Bachar el-Assad, ou de soutenir contre elle des groupes armés d'opposition dont la fibre djihadiste était évidente.

---

1 . Lindsey Graham, conférence de presse au Capitole, 1ᵉʳ janvier 2023, https://www.youtube.com/watch?v=Feg2xwUrQHM.

Normal que, avec l'invasion russe en Ukraine et la riposte affichée par le camp occidental, Lindsey Graham jubile. Il ne le cache nullement. Comme beaucoup, à Washington, il voit dans ce conflit une occasion rêvée de régler de vieux comptes. Ils sont les orphelins de la guerre froide. L'URSS s'est écroulée en 1991, mais la fédération de Russie est revenue au premier plan, de sorte que certains ont l'impression de n'être pas allés au bout. Avec l'Ukraine, ils tiennent leur revanche et voient en elle le dernier acte de la guerre froide, là où les Russes voient une continuation de la Seconde Guerre mondiale. La guerre qui commence n'a, en fait, jamais fini.

L'ancien secrétaire américain à la Défense Robert Gate et l'ancienne secrétaire d'État Condoleezza Rice arrivent aux mêmes conclusions. Reconnaissons simplement qu'ils font preuve de davantage de pudeur et d'intérêt pour les souffrances des Ukrainiens dans leurs propos, exprimés sous la forme d'une tribune publiée quelques jours après les déclarations de Graham dans le *Washington Post*. Elle est intitulée « Le temps n'est pas du côté des Ukrainiens ».

> L'économie de l'Ukraine est en lambeaux. Des millions de gens ont fui le pays. Ses infrastructures sont en train d'être détruites. La plupart de ses ressources minérales, ses capacités industrielles et quantité de terres agricoles sont sous le contrôle des Russes. Le potentiel militaire ukrainien et son économie sont maintenant presque intégralement dépendants des lignes de vie tissées avec l'Ouest, principalement avec les États-Unis.

Leur constat est lucide. La situation de l'Ukraine est en effet désespérée.

Sans un autre succès militaire contre les forces russes, les pressions occidentales sur l'Ukraine pour négocier un cessez-le-feu grandiront à mesure que les mois s'écoulent sans progression militaire [des Ukrainiens]. Dans ces circonstances, tout cessez-le-feu négocié laisserait les Russes en position de force pour poursuivre leur invasion dès qu'ils seront prêts. Ceci est inacceptable.[1]

Et ils concluent, à l'unisson du message de Lindsey Graham, par un vibrant appel à augmenter les livraisons d'armes à l'Ukraine, y compris des chars lourds *via* les alliés européens, au nom de l'Histoire, de 1914, de 1941 ou encore de 2001, lorsque « des agressions non provoquées » ont conduit les États-Unis à s'impliquer dans des conflits. L'Ukraine est condamnée à gagner pour éviter la guerre mondiale, argumentent-ils. Il en va de l'avenir de la planète. Ils invoquent également les conséquences du conflit sur les économies occidentales et attribuent son origine à un seul homme : Vladimir Poutine. La progression de l'OTAN à l'Est, le coup d'État de Maidan, la non-application des accords de Minsk, la guerre au Donbass depuis 2014, mais aussi l'invasion de l'Irak que Mme Rice a elle-même supervisée comme membre du gouvernement Bush et qui a fait figure de bouleversement majeur pour la géopolitique mondiale, tout cela est passé sous silence. Cet état d'esprit n'est pas isolé dans la classe politique américaine où les erreurs passées sont souvent occultées par la nécessité affichée de défendre le Bien.

*

---

1. *Washington Post*, "Opinion: time is not on Ukraine side" par Condoleeza Rice et Robert M. Gates, 7 janvier 2023.

Fin février 2022, la guerre en Ukraine n'en était qu'à ses débuts mais, dans les médias, on n'était pas au bout de nos surprises. Un tsunami de soutiens aux Ukrainiens avait submergé les ondes et les écrans. Il était légitime, car cette invasion brutale avait tout des guerres barbares du passé. La Russie semblait renouer avec ses démons impérialistes. Elle redevenait une menace pour le monde. Bien vite, pourtant, l'indignation a laissé place à un phénomène d'un genre nouveau.

Le moindre débat s'est révélé impossible dès lors qu'il touchait aux raisons de la guerre ou à son déroulement. Des Torquemada de la pensée étaient passés à l'offensive, à droite comme à gauche, motivés par des intérêts plus ou moins clairs, mais surtout par une russophobie débridée qui visait à mettre dans le même sac Tolstoï, les sportifs russes, François Fillon et les agissements de Vladimir Poutine. Ce qui était russe devait disparaître. Les vies russes étaient le nouveau virus.

Symétriquement, il fallait se mettre à aimer ardemment l'Ukraine, une prouesse pour des Français qui, s'ils connaissaient la Russie, l'aimant ou la détestant, ne connaissaient absolument pas l'Ukraine. Qu'importe, ce soutien sans faille, nous disait-on, devait se faire au nom de nos valeurs que les Ukrainiens défendaient là-bas pour nous. C'est ce qu'a redit le président Zelensky le 9 février dernier devant le parlement européen à Bruxelles :

— Nous nous défendons, nous vous défendons.

Cette histoire de valeurs communes m'a rappelé une petite musique lointaine, les propos d'un certain Georges Bush sur l'Irak vingt ans plus tôt. Pour lui, les Irakiens étaient des « freedom loving people » (des gens aimant la liberté). Pourtant, en 2003 avant d'envahir le pays, personne ne s'était soucié de demander son avis au peuple irakien. On avait décidé pour lui, considérant que la société irakienne n'avait qu'une envie : se débarrasser de son dictateur. Elle adopterait par la suite la liberté telle que nous la concevions ; mieux, elle l'exigerait naturellement. Le diplomate Maurice Gourdault-Montagne revient sur ce prisme occidentaliste qui nous a poussés à commettre tant d'erreurs et à mener des régions entières du monde au chaos. Le titre de son dernier livre pose parfaitement le problème : *Les Autres ne pensent pas comme nous*[1]. Notre problème, c'est que nous raisonnons à chaque fois comme si ce qui se passait dans leur tête était de même nature que ce qui se passe dans la nôtre.

Que l'on ne me fasse pas écrire ce que je n'ai pas écrit. Si nos valeurs nous imposent de refuser qu'un pays en agresse un autre, défendons l'Ukraine à ce titre. En revanche, comme l'Irak autrefois, que l'on ne cherche pas à insinuer que ce pays serait le lieu idéal pour voir éclore une démocratie, ni que, sous l'effet d'un coup de baguette magique occidentale, son évolution politique vers ce type de gouvernement viendrait accroître la part du monde libre sur Terre.

Le désir d'Europe des Ukrainiens, comme autrefois celui de démocratie des Irakiens, sont deux choses qui ne coulent pas de source. L'Ukraine est pauvre. Elle est le seul pays ayant appartenu à la sphère soviétique à avoir vu son PIB diminuer depuis l'éclatement de l'Union. Elle est aussi un des pays les plus corrompus au monde[2]. Volodymyr Zelensky et Ursula Van Der Leyen ont beau agiter ensemble le drapeau européen, cela ne fait de l'Ukraine ni une démocratie libérale, ni un paradis des droits de l'homme. Pourtant nos politiques, relayés efficacement par un cortège de journalistes de

---

1. Maurice Gourdault-Montagne, *Les Autres ne pensent pas comme nous*, Bouquins, 2023.
2. Sur l'index de la corruption établi par Transparency international, l'Ukraine figure au 122ᵉ rang sur 180 pays. Sur la corruption en Ukraine, lire l'article du *Washington Post* "Ukrainian journalists are uncovering Ukrainian corruption", 26 janvier 2023, https://www.washingtonpost.com/world/2023/01/26/ukraine-corruption-zelensky-journalist/.

cour (genre dont la France ne manque pas), répètent en permanence, presque d'une seule voix, que « l'Ukraine, c'est l'Europe, c'est nous ».

On n'avait jamais vu ça. Sur presque toutes les chaînes d'infos, des « experts » de l'Ukraine et des « consultants » de la chose militaire sont apparus. Chez la plupart, l'arrogance n'a d'égal que l'ignorance. Je précise qu'il ne s'agit pas de dresser ici la liste de ceux qui ont dit des bêtises sur ce conflit. J'en suis. Par exemple, je ne pensais pas que les Russes se retireraient d'eux-mêmes de Kherson. J'étais persuadé que, s'ils quittaient la ville, c'est parce que les Ukrainiens les en auraient chassés. Je ne pense pas à ce type d'erreurs d'analyse ou d'anticipation, même si elles doivent conduire à adopter une certaine humilité devant un conflit qui comporte tant de parts d'ombre. Je parle de ceux qui, à travers la guerre ou, plutôt, grâce à elle, ont rejoint une cause et se sont trouvé une raison d'être. Ainsi, on a pu voir ainsi une certaine Alla Poedie, Ukrainienne vivant en France depuis trente ans, apostropher la grande *reporter* Anne Nivat qui revenait de Russie en lui disant :

— Anne, vous aurez votre médaille du Kremlin, ne vous inquiétez pas ![1]

Le 28 avril 2022, la même « spécialiste ukrainienne en géopolitique » comme elle se présente, s'était retrouvée face à moi sur le plateau de « Touche pas à mon poste », l'émission de Cyril Hanouna. Le thème était : « Russie, faut-il avoir peur d'une Troisième Guerre mondiale ? » Je dressais l'inventaire des armes nucléaires et hypersoniques dont Poutine disposait. Elle m'avait interrompu pour expliquer que Poutine pouvait bien envoyer ses missiles, les Ukrainiens n'avaient pas peur. Je lui avais rappelé que Moscou conservait 3 500 ogives nucléaires, ce qui la classe au premier rang

---

1. LCI, émission « Brunet, Hammett & Cie », 12 janvier 2023.

des puissances mondiales sur ce plan. Si Poutine s'avisait de les utiliser, peur ou pas peur, il ne resterait pas grand-chose de l'Ukraine et peut-être du reste du monde. Rien à faire, elle ricanait et ne voyait dans les menaces russes que l'agonie d'une puissance rouillée qui n'avait plus les moyens de sa politique.

D'autres consultants possèdent une réelle expérience, mais certainement pas la sagesse ou la retenue qui s'imposent, surtout quand ce qu'ils annonçaient ne se réalisait pas. C'est le cas du général Michel Yakovlev, ancien vice-chef d'état-major des opérations de l'OTAN. Il se perd régulièrement sur la chaîne LCI dans des spéculations rocambolesques sur le devenir de Poutine, les tensions supposées avec ses alliés ou avec son armée. En octobre, dans l'hebdomadaire *L'Express*, il annonçait le délitement imminent de l'armée russe[1]. Selon lui, les frappes sur l'Ukraine ne servaient à rien. Je ne suis pas sûr qu'un habitant de Kiev grelottant dans son appartement éventré par un drone Shaheed ait le même point de vue. En tout, c'est près d'un tiers du système électrique ukrainien qui a été détruit depuis septembre, ce qui handicape grandement l'effort de guerre, obligeant même les militaires ukrainiens à réallouer des stocks de diesel pour faire marcher les générateurs. Parmi les va-t-en-guerre et autres Wagnerologues, Yakovlev se distingue avec des formules surprenantes comme : « Poutine a perdu la guerre, mais il ne l'a pas encore compris »[2], et autres : « À partir du moment où nous aurons compris que c'est à nous que Poutine fait la guerre, là on rentrera dans l'arène »[3]. Ces propos font écho, dans l'autre camp, à ceux d'un certain Dmitri Medvedev lorsqu'il déclare :

---

1. *L'Express*, Michel Yakovleff : « Poutine a perdu la guerre, mais il ne l'a pas encore compris », 20 octobre 2022.
2. *Idem*.
3. CNEWS, « Infos du monde », 30 avril 2022.

2. La résurrection de la relique

— Si la Troisième Guerre mondiale éclate, ce ne sera pas avec des chars, ni avec des soldats.[1]

De part et d'autre, la folie a de beaux jours devant elle, car l'hystérie n'a pas diminué à mesure que le conflit s'éternise, au contraire.

D'autant que, en sus des béni-oui-oui et des experts ignorants, il faut compter avec les délateurs. On n'en avait pas vu autant depuis l'Occupation. Ils sont légion sur Twitter, notamment. Le média facilite cette pratique, en raison de l'anonymat qui autorise une myriade d'individus sous pseudonyme à calomnier qui ils veulent. Personnellement, je reçois régulièrement des menaces ou des accusations de poutinophilie, principalement en raison d'un passage éphémère sur RT France et aussi, parce que j'ai eu le malheur de réaliser quelques reportages en Russie pour *Paris Match*. Pour l'un de mes contempteurs, je serais le « petit télégraphiste du Kremlin ».

Carrément.

Je rappelle donc à toutes fins utiles que, au cours de ma carrière,

- j'ai interviewé deux présidents américains – George Bush et Barak Obama –,
- j'ai été correspondant de *Paris Match* aux États-Unis pendant sept ans,
- j'ai écrit la biographie de David Petraeus[2], qui a été directeur de la CIA, et
- j'ai deux enfants qui vivent à Los Angeles.

Pas mal pour un « petit télégraphiste du Kremlin », vous ne trouvez pas ?

---

1. Publication sur compte Telegram, 30 janvier 2023.
2. Régis Le Sommier, *David Petraeus. Un beau jour dans la vallée du Tigre*, Erik Bonnier, 2012.

Je reconnais dans leurs tweets le même style, les mêmes tournures de phrases de certains qui sévissaient déjà à l'époque où je couvrais la Syrie. Mon Dieu, que ces gens ont du temps à perdre ! La plupart des invectives proviennent de comptes anonymes, mais pas toujours. Ainsi, un certain Patrick Edery, entrepreneur français vivant en Pologne et ex-éditorialiste de l'hebdomadaire du syndicat Solidarnosc est allé jusqu'à relayer une liste (où figure mon nom) de supposés « collabos » des Russes. Je ne suis pas sûr que Lech Walesa, l'illustre fondateur de Solidarnosc, aurait apprécié cette inclination pour la dénonciation et la désignation à la vindicte. À son époque, ces armes figuraient en bonne place dans l'appareil répressif de la dictature communiste qu'il combattait.

*

Les accusations de partialité qui me visent sont pénibles et complètement injustifiées. Dès le 24 février, j'ai condamné la guerre. L'agression russe violait le territoire d'un pays souverain par un autre. Inacceptable, de mon point de vue. Qu'importe si l'OTAN avait fait son possible pour instiller chez les Russes le sentiment d'être assiégés ! Qu'importe si les dirigeants américains avaient renié la promesse informelle faite à Michael Gorbatchev de ne pas se rapprocher des frontières de la Russie ! Qu'importe le prétexte, cela se termine toujours dans les ruines et la souffrance des petits, des humbles, des pauvres !

Oui, j'ai condamné cette guerre comme j'avais condamné tous les autres conflits contemporains. L'Afghanistan. L'Irak. La Libye. Autant d'invasions violant le territoire de pays souverains. À l'instar de l'invasion américaine de l'Irak décidée par George Bush en 2003, l'invasion russe de l'Ukraine est une guerre de choix et non de nécessité.

Ces guerres, je les connais bien. J'en ai couvert quelques-unes. À chaque fois, elles sont lancées au nom de principes vertueux par l'arsenal médiatique des pays respectifs, le « complexe militaro-intellectuel » comme l'appelle l'historien Pierre Conesa[1], et elles finissent dans les ruines puis l'oubli, comme la poussière sous le tapis.

Autrefois, on entrait en guerre pour défendre le monde libre, puis pour « combattre la terreur ». Aujourd'hui, pour les Russes en Ukraine, il s'agit de défendre la patrie supposée menacée par les néonazis et l'OTAN. Le prétexte a beau varier, le résultat est le même : le pays où elles se déroulent est anéanti ; la perte de sens est totale ; et les objectifs initiaux ne sont jamais atteints. Je ne vais pas revenir sur l'Irak et l'effet « boîte de Pandore » que ce conflit a eu sur tout le Moyen Orient et au-delà. Je m'en tiendrai au constat suivant : en Ukraine, chaque jour, ce sont des centaines de frères slaves qui se tuent pour les morceaux de plaine à blé de Kherson et Zaporijjia, ou pour les friches industrielles hors d'âge du Donbass. Or, pendant ces drames, sur les ondes, il se trouve toujours de ces commentateurs qui comptent les points comme s'ils jouaient à la bataille navale.

*

Dans ce contexte, autant je suis prêt à débattre des raisons profondes de la guerre en Ukraine, autant il m'était impossible de ne pas condamner la décision d'entrer en guerre de la part de Vladimir Poutine. Pourtant, le problème qui s'est vite posé sur certaines chaînes n'a pas été d'avoir une opinion sur la guerre, mais de pouvoir débattre. S'aventurer un tout petit peu dans un sens s'écartant de la célébration de l'héroïque nation ukrainienne conduisait à se voir

---

1. Pierre Conesa, *Vendre la guerre. Le complexe militaro-intellectuel*, L'Aube, 2022.

traité illico d'affreux partisan de Vladimir Poutine, et donc de n'être plus réinvité.

Heureusement, tous les médias français n'ont pas versé dans ce travers. Il en est resté qui sont des lieux où souffle l'esprit, comme disait le philosophe Pascal à propos de l'abbaye de Port Royal. Un jour, un confrère dont je tairai le nom m'a dit :

— Dans une guerre, il faut savoir choisir son camp.

À titre personnel, pourquoi pas ? Mais, en tant que journaliste, cette affirmation est une hérésie, même si les haines entre belligérants font qu'il est souvent impossible de couvrir les deux camps, le journaliste ayant séjourné dans un camp se voyant accusé d'espionnage par l'autre.

En Ukraine, comme en Afghanistan un an plus tôt, j'ai eu la chance d'aller des deux côtés. D'abord dans celui de l'OTAN, au début de la guerre, avec les aviateurs français volant sur Rafale, que j'ai accompagnés à bord d'un avion ravitailleur, à la verticale de la frontière polonaise, face à la Biélorussie et Kaliningrad[1]. Ensuite sur les routes d'Ukraine, en compagnie des volontaires français que nous avons aperçus sur le vif au chapitre précédent. Je les ai suivis à Odessa, Lviv et Yavoriv, tandis qu'ils cherchaient à s'enrôler dans l'armée ukrainienne [2]. Enfin sur le front russe, à Kherson, Zaporijjia, Marioupol et dans le Donbass [3], pour terminer par une plongée dans

---

1. *Le Figaro Magazine*, « Aux côtés des chasseurs Rafale, vigies de l'Otan en mission de surveillance », envoyés spéciaux Régis Le Sommier (texte) et Alexandre Paringaux (photos), 18 mars 2022.
2. *Le Figaro Magazine*, « Du Kurdistan à l'Ukraine, ces Français combattent pour les causes qui leur semblent justes », envoyés spéciaux Régis Le Sommier (texte) et Noël Quidu (photos), 8 avril 2022.
3. *Le Parisien*, « Guerre en Ukraine : en immersion dans les zones occupées par les troupes russes », par Régis Le Sommier, 7 octobre 2022.

l'hiver à Bakhmout, une immersion poignante dans le quotidien des soldats russes, un quotidien fait de tranchées, de glace et de sang[1].

Ma démarche n'a rien de politique. En tant que journaliste, jamais le biais politique ne m'a inspiré. Je tiens à m'écarter des prises de position adoptées par les jusqu'au-boutistes des deux camps. Les uns accuseront mon travail d'être une admission tacite de l'invasion et de pousser pour la recherche d'un *statu quo* – ce que, pour ma part, j'appelle la paix, ce vocable qui, sur certaines chaînes d'info, est presque devenu un gros mot. Les autres chercheront à me faire passer pour un indécis, qui persiste à penser que le combat des Ukrainiens est magnifique et qu'il aurait probablement été le mien si j'avais grandi là-bas. Moi, j'ai surtout constaté que cette guerre a, depuis longtemps, dépassé le cadre d'un affrontement entre deux pays. Elle ne peut se comprendre que comme la réactivation du vieux conflit Est-Ouest. On croyait qu'il n'était qu'une relique du passé. Il n'a jamais cessé d'exister. Le sénateur Lindsey Graham l'a bien compris.

---

1. *Valeurs actuelles*, « Sur le front de l'Est », 2 février 2023.

3.
Le goût de la liberté

En février 2022, j'étais aux sports d'hiver avec Océane, ma compagne, et Antoine, mon dernier fils, quand la guerre a commencé.

Comme tous les observateurs de la géopolitique internationale, à l'exception des services de renseignement américain, je n'ai pas cru une seule seconde à l'entrée en guerre de la Russie. Jusqu'au bout, j'espérais une désescalade. Je me revois sur les remontées mécaniques, entre deux descentes, scrutant la moindre information sur mon iPhone. Les tensions était vertigineuses, mais les jours s'écoulaient et je ne voyais pas Poutine aller au bout. Cela ressemblait trop à Budapest en 1956, à Prague en 1968, à cet usage brutal de la force, avec les fameux chars soviétiques dont l'ombre planait jadis sur l'élection de François Mitterrand. Ce n'était plus possible d'agir ainsi. L'époque avait changé. Surtout, je ne comprenais pas ce que la Russie avait à gagner dans ce conflit, hormis le fait de reprendre la vieille lutte à mort avec l'ennemi *yankee*, lutte que l'on avait cru terminée en 1991 et la fin de l'URSS.

Un an après, je ne le comprends toujours pas.

Je mesure tout ce que Moscou a perdu en stature internationale à cause de l'Ukraine et, ce, pour des gains territoriaux assez minimes. Surtout, la Russie aurait affiché dès le début ses ambitions autour du Donbass comme c'est le cas en ce moment avec les combats qui s'y déroulent, la communauté internationale se serait couchée, considérant que, après tout, depuis 2014, il y avait la guerre là-bas, et qu'il s'agissait d'un pré carré de la Russie. Dès lors, pourquoi avoir voulu encercler Kiev pour s'en retirer sur la pointe des pieds, en laissant une ribambelle de cadavres derrière soi ? Pourquoi avoir fait de même avec Kharkiv puis Kherson ? À chaque fois, les charniers mettaient la Russie au ban des nations. Cela n'a aucun sens. Pourtant, c'est ce qui s'est passé. Il faut croire que Poutine ne raisonne pas comme nous.

*

En septembre 2021, j'avais rejoint la rédaction de RT France en tant que grand *reporter*. J'y suis resté six mois. Voici les deux raisons qui ont motivé ce choix.

D'une part, je pensais un peu naïvement que, avec la carte RT et le réseau dont disposait la chaîne dans le monde et au Moyen-Orient, je parviendrai à me rendre dans des pays qui m'étaient jusqu'ici interdits. Même avec *Paris Match* et la puissance de feu dont le titre disposait à l'époque, certains univers me restaient impénétrables. Les Russes avaient repris du poil de la bête à l'international et, au Moyen Orient en particulier, ils étaient redevenus des acteurs incontournables.

Rejoindre RT, je le pensais, m'ouvrirait les portes du Nord de la Syrie (où les Russes étaient présents), du Karabach (où ils servaient de force d'interposition), de l'Afrique (où la milice Wagner défrayait la chronique) et, au-delà, de la Turquie, de l'Iran et de la Chine. Ayant déjà pas mal labouré le reste, je voulais voir cet autre côté du monde. L'ironie veut que, en fin de compte, je n'ai rien fait au cours de ces six mois qui touchât de près ou de loin à la Russie.

D'autre part, il faut bien vivre. Je ne surprendrai pas beaucoup en rappelant que, à 53 ans, il n'est pas facile de retrouver un travail en France. En juin 2021, j'avais été licencié de *Paris Match*. Après un passage éclair chez Canal+ pour un documentaire, j'ai posé ma candidature auprès de quelques sociétés de production. Aucune n'était en mesure de m'offrir un poste fixe. Tout juste pouvais-je espérer retrouver un statut de pigiste comme je l'avais connu à mes débuts à *Paris Match*. C'était la promesse d'un grand retour en arrière sans compter que, même très motivé, je n'avais plus les jambes de mes vingt ans. Je savais très bien aussi que le journalisme est aujourd'hui en voix de paupérisation avancée. Désormais, il est rare d'y trouver une activité régulière. Je pouvais continuer à passer les dix prochaines années sur les routes du monde, à faire ce que j'adorais, mais je le ferais sans aucune stabilité, à la merci d'un accident. RT France m'offrait un CDI doublé d'un salaire correct, qui me permettait aussi d'honorer le paiement de diverses pensions alimentaires. Je n'étais pas contraint non plus d'abandonner mes activités d'écriture, ni même mes passages sur CNEWS – je devais seulement les limiter. C'était rassurant. Je prenais cette aventure comme une nouvelle expérience.

Pour autant, j'avais une pointe de méfiance sur un point : le rapport à la Russie. Car RT, c'est le *soft power* russe dans toute sa splendeur. À l'image des autres chaînes internationales nées ces vingt dernières années comme France24, Al Jazeera ou I24News, RT ambitionnait d'influencer l'opinion. Et néanmoins, contrairement à une idée reçue et nourrie par les dires de certains qui n'ont jamais regardé la chaîne, aucune allégeance à une ligne éditoriale dictée par le Kremlin ne nous a été fixée. Je n'aurais jamais accepté de rejoindre la chaîne s'il s'agissait d'y réciter chaque matin le catéchisme poutiniste façon Sergueï Lavrov.

Nous, journalistes, disposions même d'une assez grande liberté pour proposer des sujets et les réaliser. Nos responsables n'ayant jamais pratiqué notre métier, ils nous laissaient souvent carte blanche. Cela participait de leur stratégie. En nous autorisant à exercer un journalisme honnête et qualitatif, ils déjouaient les critiques et, certainement, redoraient à leur mesure l'image de la Russie. Et alors ? Pour moi, c'était avant tout une opportunité d'exercer mon métier, et de bien le faire.

Cela seul m'importait.

*

Au cours de ces six mois, je participais parfois à l'émission du soir animée par Stéphanie Demuru, une ancienne journaliste de BFMTV très professionnelle. Le programme était de grande qualité à la mesure du profil des intervenants, qui allaient du général Dominique Trinquand, ancien chef de la mission militaire de la délégation française auprès des Nations Unies, ancien conseiller Défense d'Emmanuel Macron, à Frank Louvrier, ancien conseiller en communication de Nicolas Sarkozy, et à Claude Blanchemaison, ancien ambassadeur de France à Moscou. Je n'en cite ici que quelques-uns, mais ils sont nombreux à avoir été invités sur la chaîne au cours de ses trois ans d'activités. Pour eux comme pour nous, il n'existait jamais en préambule l'impératif de « dire du bien » de la Russie.

Je me souviens que Stéphanie me demandait de venir quand un direct avec Vera Gaufman, la correspondante de la chaîne à Moscou, lui était imposé – car, oui, il y avait des contraintes : quel média n'en a pas ? La particularité de Vera Gaufman, c'est qu'elle n'avait sans doute jamais entendu parler de la *glasnost*. Son propos était presque toujours imprégné de la « ligne du Parti », comme autrefois. Stéphanie comptait sur moi pour rétablir l'équilibre. À la direction de la chaîne, nul ne voyait de mal à ce que quelqu'un contrebalance le point de vue de Moscou.

Pour les reportages, même topo. En six mois de présence, j'ai enquêté sur beaucoup de sujets dont aucun n'avait le plus petit rapport avec la Russie.

Comme première mission, on m'a envoyé couvrir les élections législatives en Allemagne fin septembre 2021. À l'époque, Moscou et Berlin projetaient d'ouvrir un second *pipeline* de gaz naturel baptisé Nord Stream 2. Les écologistes allemands et une partie de la gauche y étaient opposés. Les États-Unis et la sphère atlantiste faisaient pression pour que le projet ne vît jamais le jour. C'était un sujet majeur dans l'élection allemande et, au premier chef, d'un grand intérêt pour Moscou. Or, lors de ce séjour, j'ai assuré des dizaines de directs depuis Berlin. À aucun moment, quelqu'un ne m'a soufflé dans l'oreillette qu'il serait bienvenu que j'évoque le fameux *pipeline*. Je n'en ai jamais prononcé le nom à l'antenne. J'en ai été le premier surpris.

Je suis parti ensuite à Mayotte, au mois de novembre, pour réaliser un documentaire sur la situation dans l'île. J'y ai passé dix jours. J'ai parcouru Mayotte dans tous les sens, en tendant le micro à toutes les catégories de population, mahorais, clandestins ou gens de métropole, pour qu'ils me parlent de leur île et de leurs problèmes. Je pouvais tout leur demander. Je pouvais interroger qui je voulais. J'étais bien obligé de privilégier ce contact avec la base, car, du côté des officiels, les autorités françaises m'avaient fermé les portes en raison de la « nature » de la chaîne. En entendant le nom de RT au téléphone, la voix de l'interlocuteur sollicité se troublait, et l'entretien n'avait jamais lieu. Nous avions même été contraints d'interviewer profs et surveillants à l'extérieur des grilles d'une école, car l'entrée dans le périmètre de l'établissement nous était interdite. Malgré les bâtons dans les rues et dans les roues, j'ai passé de très beaux moments à Mayotte. Au final, mon documentaire aurait pu passer sur n'importe quelle chaîne française, sans que personne ne remarque qu'il avait été produit par RT France. Ni le ton ni le propos ne dérogeaient aux canons d'un documentaire classique.

Pour travailler au Mali, en décembre 2021, j'ai utilisé mes contacts personnels et professionnels. La présence russe dans le pays ne m'a été d'aucune utilité. Je n'y ai vu aucun Russe, pas même l'ambassadeur, encore moins des membres de la SMP « Wagner ». Grâce à une de mes sources, j'ai rencontré Déborah Al Masri, la compagne d'Olivier Dubois, un journaliste détenu par un groupe djihadiste mais oublié de tout le monde en métropole. Curieusement, peut-être en entendant sur RT France les 27 minutes poignantes où cette femme suppliait qu'on libérât son mari, *Libération* et *Le Point* se sont souvenu qu'Olivier Dubois avait pigé pour eux et, à leur tour, lui ont rendu un vibrant hommage.

À la rédaction, on ne m'a jamais demandé de dire à l'antenne que les choses allaient mal pour la France au Mali, ni que cette prise d'otage résultait de la situation sécuritaire déplorable du pays, théoriquement sous supervision de l'armée française. Au contraire, Déborah Al Masri attestait devant moi des nombreux efforts déployés par le Quai d'Orsay pour faire libérer Olivier.

Quand j'ai réalisé un sujet sur le Covid long, que croyez-vous qu'il est advenu ? Cette fois encore, j'ai été contraint d'interviewer un professeur de chirurgie devant les bâtiments de l'hôpital de la Salpêtrière car l'accès au bâtiment nous était interdit. Sur RT, je pouvais évoquer les problèmes du système de santé français si cela était nécessaire, mais il n'y avait aucune obligation.

Ni dans la préparation des reportages ni dans leur rendu final, il n'existait d'instructions pour orienter le propos en mettant en avant un point de vue russe ou en présentant celui-ci sous ses meilleurs jours. La plupart de ceux qui ont rejoint la chaîne ces années-là vous le diront. Il s'agissait d'un travail, presque comme dans une autre rédaction. La coloration russe de la chaîne était secondaire. RT France a pu ainsi mettre aux plus jeunes le pied à l'étrier à la sortie de leur école de journalisme ; elle a aussi pu offrir un espace pour s'exprimer à des personnalités comme Jean-Marc Sylvestre ou Alain Juillet, pour qui il n'était pas simple de se recaser. N'oublions pas que, à une autre époque, Al Jazeera avait servi de point de chute à bon nombre de journalistes britanniques en bout de course ; et leur professionnalisme a grandement profité à la chaîne, en contribuant à lui faire acquérir ses lettres de noblesse en journalisme après la période où elle avait servi de boîte aux lettres à Oussama Ben Laden.

Le drame s'est sans doute noué quand la chaîne a rencontré le succès en France, notamment à la faveur du mouvement des gilets jaunes qui ont vu en elle une tribune qu'on leur refusait ailleurs. Était-ce le fruit d'une tentative moscovite de déstabiliser le pouvoir français ? RT France était-il cet « outil de propagande du Kremlin » vilipendé par le ministre des affaires étrangères Jean-Yves Le Drian pour justifier sa fermeture ? Ou était-il le signe que les Français ne se retrouvaient plus dans des médias traditionnels franco-français largement inféodés à des intérêts politiques ou financiers ?

4.
La sensation du vide

La guerre en Ukraine ? On y vient. Mais, d'une part, trop d'experts autoproclamés en parlent sans dire d'où ils viennent, et je tiens à expliquer de quoi il retourne pour moi. D'autre part, pour parler de la guerre russe, comment ne pas parler de *soft power* en sus du pouvoir des bombes ? Les deux sont corrélés.

Le 24 février 2022, le plancher s'est donc écroulé sous mes pieds et sous celui des quelque cent cinquante salariés français de la chaîne. Dès le premier jour des frappes russes, suivies de près par l'invasion des troupes russes, une petite musique a commencé à se faire entendre. Je me souviens que le premier à avoir évoqué la fermeture de RT France était un sénateur. Je ne sais plus trop qui. Ça n'a pas d'importance. Mais, en mon for intérieur, je me doutais depuis longtemps que, si un soldat russe franchissait la frontière de l'Ukraine, je perdais mon job. C'était logique sur la forme. Sur le fond, c'est autre chose, et je vais l'aborder. La raison en est simple. Une fois la Russie en guerre contre l'Ukraine, RT France et tous les RT en Europe se retrouvaient la cible la plus facile pour des gouvernements européens soucieux de montrer qu'ils prenaient des mesures immédiates. En s'attaquant au média, ils évitaient de s'impliquer dans le conflit sans risquer d'être accusés de cobelligérance, et ils agissaient fermement à peu de frais pour contrer Moscou. À défaut de pouvoir montrer les crocs, on pouvait supprimer une chaîne...

Sur le fond, cette décision était choquante. Interdire un média en France, en 2022, quel que soit ce média, représente une entorse absolue à la liberté d'expression garantie par la Déclaration Universelle des Droits de l'Homme et du Citoyen de 1789 et, pour la liberté d'opinion, la loi de 1881. C'est le contraire des usages d'un pays démocratique. Brusquement, on s'éloigne de Voltaire et de son légendaire : « Je ne suis pas d'accord avec ce que vous dites, mais je me battrai jusqu'à la mort pour que vous ayez le droit de le dire. » Le plus grotesque est que nous avions, en France, souvent protesté contre la politique de Poutine envers les journalistes et les organes de presse critiques. Or, avec cette décision, nous nous rapprochions de lui.

Gardons raison cependant : la manière d'agir différait. Lui donnait la mort physique, comme celle qui a frappé Anna Politkovskaïa. En France, la mort des journalistes n'était que sociale. Car combien de fois me suis-je vu reproché depuis le début du conflit mon passage chez RT France ? Pour être tout à fait clair, dans ma carrière, j'ai passé 27 ans à *Paris Match* et six mois chez RT France. Mais, pour certains, il semble qu'il n'y ait que ces six mois qui comptent...

J'écris ces lignes en pensant aux jeunes de la chaîne. Car cet uppercut m'est arrivé en plein visage à un âge où ma carrière était derrière moi. Je dirais même qu'elle parle toujours pour moi et que, en dépit des efforts des inquisiteurs de la presse, elle ne m'a guère atteint. Il n'en est hélas pas de même pour ceux qui ont débuté sur cette chaîne et qui ont les plus grandes peines pour se débarrasser de l'accusation d'avoir pactisé avec une idéologie qu'ils n'ont pour la plupart jamais embrassée.

Quatre jours après le début de l'invasion russe de l'Ukraine, le 27 février 2022, Ursula von der Leyen annonçait l'interdiction de diffusion des médias d'État russes Sputnik et RT. Qu'une telle décision ne relève nullement des prérogatives de la présidente de la Commission européenne, ni d'aucune juridiction européenne d'ailleurs, n'émeut personne à l'époque. En France, le ministre des Affaires étrangères Jean-Yves Le Drian emboîte le pas à la présidente en confirmant l'interdiction de RT France. Là aussi, dans un monde normal, l'organisme compétent, c'est l'ARCOM, l'autorité française de régulation de la communication audiovisuelle et numérique, pas le gouvernement. Sans compter que si RT France était vraiment un outil de propagande redoutable, il aurait peut-être fallu s'en soucier avant et l'interdire plus tôt ! Pourquoi avoir attendu l'Ukraine ?

On notera au passage qu'Al Jazeera n'a été l'objet d'aucune menace d'interdiction au moment des attentats contre Charlie. Pourtant, c'est bien cette chaîne qui relayait les communiqués de Ben Laden après le 11 septembre. Les frères Kouachi se revendiquaient eux aussi d'Al Qaïda. Il faut croire que le Qatar est mieux implanté en France, puisque ni les entorses aux droits humains lors de la construction des stades de la Coupe du monde, ni le scandale de corruption au niveau européen n'ont contrarié une relation solide. Tout juste, les représentants de l'émirat se sont-ils vu retirer leurs accès au Parlement européen. Vaste blague...

J'ai donc quitté RT France et je me suis retrouvé au chômage. À 53 ans, je suis allé faire la queue devant Pôle Emploi, au petit matin. J'ai vu défiler ma vie. Je me suis demandé pourquoi, d'autant que mon licenciement de *Paris Match* était injustifié. Quand la fermeture de RT m'a conduit à Pôle Emploi, je me suis rassuré en me disant que je n'étais pas le plus mal loti. Dans la file, je discutais avec des types qui avaient l'habitude de cet endroit. Certains étaient même appelés aux guichets par leur prénom. Je n'avais pas le droit me plaindre, même si la sensation du vide existait.

Heureusement, je continuais d'aller sur CNEWS comme chroniqueur. Je remercie la chaîne pour cette collaboration qui m'a maintenu la tête au-dessus de l'eau. Quelques personnes m'ont tendu la main. Jean-Louis Tremblais, grand *reporter* au *Figaro Magazine*, m'a aussitôt appelé pour me proposer du travail. Ont suivi, entre autres, Cyril Drouhet, directeur adjoint et chef photo du même magazine, et Alexandre Paringaux, mon vieux copain photographe des sujets aviation, avec qui je suis parti début mars 2022 pour accompagner les chasseurs français dans le ciel de Pologne. Je remercie donc aussi le capitaine Loïc Tatard, du Service d'information de l'armée de l'Air et de l'Espace, qui a accepté que j'embarque pour cette mission. Les militaires français auraient pu considérer que, dans la mesure où j'avais été employé chez RT France et au vu des circonstances, mon profil était devenu incompatible pour une rencontre avec les aviateurs français. Il n'en a rien été. Grâces leur soient rendues.

5.
Mission tétine

En mars 2022, j'embarque pour un petit tour dans les airs.

Avec les aviateurs, je n'en suis pas à mon coup d'essai. J'ai volé à bord d'un Rafale. J'apprécie ces hommes des cieux. Deux ans plus tôt, ils m'ont proposé de rejoindre la réserve active de l'armée de l'Air, ce que j'ai accepté. J'ai rejoint le réseau Ader, avec le grade de colonel de la réserve citoyenne.

Aussi suis-je bien placé pour sentir que le moment est spécial. Les aviateurs, comme tous les militaires d'élite, passent leur vie à répéter des manœuvres pour être prêts le jour J. Inlassablement, ils s'habituent à réitérer les mêmes manœuvres encore et encore. C'est leur seconde nature.

La réunion préparatoire à laquelle j'assiste au milieu d'une nuit de mars est un moment grave, solennel. Qu'allons-nous trouver au bout, là-bas, à l'Est ? Personne n'en parle, mais l'inquiétude se lit sur les visages. Le conflit en Ukraine me place dans une position où je vais mettre mes pas dans les pas de mon oncle pilote de chasse ou dans ceux de mon père sous-marinier. J'accompagne des hommes qui vont se retrouver sur le front de la nouvelle guerre froide.

Les soldats agissent comme si la mission ressemblait aux précédentes. Sauf que, là, c'est pour de vrai. Ce n'est plus pour faire cocorico dans les pages en couleurs d'un magazine en montrant aux Français la splendeur de leur armée. Ce n'est plus un de ces sujets où le journaliste monte à bord de la patrouille de France pour faire vivre à ses lecteurs la parade du 14 juillet depuis les airs. Au bout, nous allons nous retrouver là où tout peut basculer, là où passeront les missiles si les Russes les tirent. Là où tombera la riposte occidentale si les choses dégénèrent. Nous allons évoluer dans une zone où tout franchissement de frontière dans les airs ou leur comportement face à un objet non identifié peut avoir des conséquences catastrophiques. Nous allons vivre dans l'épicentre de l'endroit le plus scruté du monde.

*

Nous sommes au douzième jour de la guerre. Me voilà sur la base aérienne 125 à Istres. Des militaires en tenue de combat s'affairent autour d'un avion ravitailleur. Il est 3 h 30. L'appareil est à peine éclairé par la lumière jaune des lampadaires, et les mécaniciens doivent utiliser leurs lampes torche pour faire le « tour avion » du Boeing C-135FR, l'un des neuf exemplaires encore opérationnels dans l'armée de l'Air et de l'Espace. L'engin n'est plus tout jeune. Il a été acheté par la France aux États-Unis dans les années 1960.

— Ça reste une très bonne machine, me certifie un des mécanos de l'escadron Sologne.

À l'heure du *briefing*, le commandant de bord, le lieutenant-colonel Moussa, alias « Mousse », rappelait à ses hommes le caractère particulier de la mission du jour. Il s'agit de ravitailler les Rafale qui partent surveiller la frontière entre la Pologne, la Roumanie, la Biélorussie, l'enclave de Kaliningrad et l'Ukraine, l'ensemble du flanc Est de l'espace aérien de l'OTAN.

— On va pouvoir y aller, annonce le colonel Moussa après que chacun s'est installé à son poste à bord du Boeing.

Auparavant, comme le veut l'usage, ils ont vérifié la moindre manette, le plus petit bouton. Il y en a des centaines, répartis sur des tableaux qui ressemblent à des claviers d'ordinateur de première génération.

L'intérieur du C-135 est dans son jus. Il y règne une odeur tenace de peinture et d'huile de moteur. La place de l'électronique est réduite aux tablettes utilisées par les navigateurs. On est plus proche de la guerre du Vietnam que de la guerre des étoiles. La suite du conflit le prouvera : au côté de quelques armes nouvelles, ce sont surtout les armes anciennes et éprouvées qui seront sollicitées.

Les hommes l'adorent, leur vieil avion. Le Boeing C-135 va voler pour nourrir deux Rafale, fleurons de la technologie aérienne. Tradition éprouvée alliée à la technologie dernier cri. Achetés aux Américains au début de la guerre froide, voilà l'avion ravitailleur qui une nouvelle fois se retrouve face aux Russes dans le ciel de Pologne. C'était sa mission d'origine. À la veille de prendre sa retraite, le vieux coucou va prendre la direction du soleil levant, celle-là même qui était dans son viseur lorsqu'il est entré en service dans les années 1950. Qui a dit que l'histoire ne resservait jamais les mêmes plats ?

*

Les aviateurs que j'accompagne n'ont pas d'états d'âme. Comme les Français, comme les Européens, comme le monde entier, ils ont appris, médusés, l'entrée des troupes russes en Ukraine le 24 janvier. Le conflit est encore neuf. Les choses se mettent en place. L'angoisse est là, palpable. Le monde occidental dénonce une guerre décidée par le maître du Kremlin qui s'est essentiellement traduite, *hic et nunc*, par une pluie de missiles tombée drue aux quatre coins de l'Ukraine afin d'affaiblir les défenses du pays. Cela augmente les risques pour la mission du jour. En parallèle, les troupes russes tentent de pousser vers Kiev et Kharkov afin d'obtenir une capitulation rapide de l'état-major ukrainien et une reddition du président Volodymyr Zelensky.

Il est 4 h 40 quand le grand oiseau gris quitte son aire de stationnement, ondule pendant quelques minutes pour venir se placer en bout de piste. Les turbines vrombissent. L'avion frissonne jusqu'au moindre boulon, mais il doit encore patienter. Les Rafale n'ont pas encore décollé de Mont-de-Marsan. Il y a du retard. Un des pilotes a dû changer d'appareil à cause d'un problème technique. Heureusement, on prépare toujours un appareil supplémentaire à l'avance. On appelle ça un *spare*. C'est aussi le cas pour l'avion ravitailleur.

Vingt minutes s'écoulent.

— Vous êtes autorisé à décoller niveau 185 dans l'axe, annonce la tour de contrôle.

— Des questions ? demande Moussa à ses hommes.

— Pas de questions.

L'avion s'élance. Il met du temps à s'arracher au sol. Il emporte 88 tonnes de kérosène dans ses flancs. Le point de rendez-vous avec les Rafale se trouve du côté de Strasbourg. Il faut travailler de façon synchronisée sinon, on usera du carburant pour s'attendre. Un quart d'heure plus tard, nous rejoignons les chasseurs. Il fait une nuit d'encre. On ne voit rien. Soudain, une voix en allemand résonne à la radio. Nous approchons de Ramstein, la grande base américaine du sud de l'Allemagne. Je m'y étais posé autrefois, en rentrant d'Irak. J'accompagnais des soldats blessés qui, pour la plupart, avaient perdu des jambes ou des bras en sautant sur des mines. J'ai l'impression que c'était il y a un siècle. Une autre sale guerre, un autre temps.

*

Accompagné par les Rafale, le C-135 poursuit sa route vers l'est. Bientôt, c'est Dresde qu'il survole.

5 h 50, on se prépare au premier ravitaillement. Un seul appareil s'approche sur l'aile gauche où un panier a été déployé, une « tétine » dans le langage des aviateurs français. Le jour se lève – d'abord une lueur, puis un timide dégradé qui passe du rose au bleu. Bientôt, le soleil apparaît et l'horizon s'embrase. À la radio, une voix rabâche la météo. Sur les aéroports de Dresde, Ramstein et bientôt Lask, en Pologne, les avions peuvent se dérouter en cas de problème. Ainsi, l'itinéraire est balisé. Nous sommes dans une mission de police de l'air avec la guerre sous nos pieds. Ces hommes en ont connu d'autres. Ce sont tous des vétérans qui cumulent des milliers d'heures de vol, mais ce moment de l'histoire est quand même particulier.

— Qu'est-ce qu'il est beau, ce soleil, malgré l'horreur qui se passe là-bas, dans le fond ! commente à la radio le *boomer*, chargé de ravitailler les Rafale en pétrole.

6 h 20, nous passons la frontière polonaise. Là encore, ça se devine à l'accent de l'agent de permanence à l'aéroport de Lask. Son anglais n'est cependant pas mauvais. Il trahit même, dans certaines expressions, une longue pratique des Américains avec qui, depuis quelques années, l'entente est parfaite. Les Polonais avaient encore il y a peu pour projet de baptiser Fort Trump une de leurs bases militaires. C'est dire s'ils apprécient les soldats de l'oncle Sam, ayant trouvé en eux la meilleure assurance-vie qui leur ait été donnée au cours de leur triste histoire.

7 h. Deuxième ravitaillement, plus long celui-là. Le premier Rafale se présente sur l'aile gauche. Le pilote annonce « trois mètres », « deux mètres », « un mètre », puis son appareil saisit le panier de ravitaillement.

— Connection ! signale le *boomer* dans le cockpit du C-135.

L'homme opère à partir d'un écran où il voit les appareils. Il vérifie que le Rafale a bien placé sa perche dans la tétine. Puis, à l'aide d'une manette qu'il tient dans la main, il distribue le kérosène : 2,5 tonnes en une minute. Après avoir perçu son carburant, le premier Rafale effectue un virage en piquet puis s'éloigne.

— Faire qu'un avion touche un autre avion en l'air est une manœuvre qui n'est pas du tout naturelle, me confirmera un des pilotes.

Même opération pour le second appareil qui, le ventre plein, décroche et s'éloigne à son tour.

— Ils sont partis, annonce Mousse.

Les Rafale filent vers la frontière ukrainienne et biélorusse. La surveillance commence. Le Boeing vire lui aussi. Comme il est étrange de se dire qu'au contrebas, des centaines de milliers de gens se pressent de quitter leur pays, l'Ukraine ! L'équipage est conscient de ce qui se joue sous ses pieds. La vie à bord alterne alors entre les calculs draconiens pour gérer le stock de kérosène, les rendez-vous « ravito » avec les Rafale, sans oublier la confection du café, breuvage indispensable pour la concentration, dans un vol qui va durer huit heures.

*

Pour une mission à haut risque, je m'attendais à trouver des militaires peu loquaces. Il n'en est rien. L'équipage est ravi, quand c'est possible, d'engager la conversation. Pendant quelques minutes même, le pilote et le co-pilote discutent entre eux des diverses mutations qui touchent leurs collègues, avec le célibat géographique qu'elles engendrent ou le tracas des changements d'école pour les enfants – bref, ce qui constitue la vie particulière d'un militaire. Mais, très vite, le travail reprend le dessus.

Je m'enquiers :

— Rien ne peut nous arriver à l'endroit où nous nous trouvons, colonel ?

— Détrompez-vous ! Les ravitailleurs, comme les Awacs (avions radar de surveillance aérienne) sont plus lents à manœuvrer que les chasseurs. Les plus vulnérables, c'est nous. Nous sommes considérés comme des *high value air assets*, des cibles aériennes à haute valeur. En cas de tir d'un missile sol-air, les chasseurs feront écran car ils sont placés entre la frontière et nous.

Pour cette mission, les Rafale sont équipés de bidons de carburant supersoniques qui, en cas de menace, leur permettent de franchir le mur du son et de manœuvrer rapidement. Sous leurs ailes, ils ont embarqué quatre missiles air-air Mika, infrarouges et électromagnétiques, et, surtout, le nouveau missile Météore qui, depuis l'endroit où ils évoluent, le long de la frontière, leur permet sans problème de cibler le territoire de l'adversaire.

8 h 39, les Rafale sont de retour. Nouveau ravitaillement. Dans le secteur, nous ne sommes pas les seuls à nous livrer à cet exercice. À notre gauche, on distingue un MRTT Phénix avec, derrière ses ailes, quatre F-35 de l'OTAN, des chasseurs de nouvelle génération. Américains ? Norvégiens ? On ne sait pas très bien. Le ciel de la Pologne est chargé, depuis le 24 février, date de début de la guerre et de cette mission.

Désormais, les Rafale volent en formation à quelques dizaines de mètres seulement du Boeing. Depuis le cockpit, on distingue les visages des pilotes de chasse derrière leur casque. Ils viennent de passer huit heures aux avant-postes de la nouvelle guerre froide et vont bientôt regagner la base aérienne de Mont-de-Marsan. Leur jauge est presque vide et, de notre côté, nous n'avons plus grand chose dans les réservoirs. D'autres prendront le relais la nuit prochaine et les suivantes.

Les pilotes de chasse engagés sont des militaires chevronnés. L'un d'eux, le capitaine Cyril, surnommé Arket, a effectué de nombreuses sortes de missions sur Rafale, y compris des sorties avec l'arme atomique. Je n'ai pas pu lui parler lorsqu'il était dans les airs. Néanmoins, une fois à terre, il me confirmera que, en tant que pilote de chasse, ils sont entraînés à des missions d'établissement de zones d'exclusion aérienne.

— Avez-vous vu des Russes au cours de la mission ? lui demanderai-je.

— Quand bien même j'en aurais vu, je ne serais pas habilité à vous en parler, me lâchera-t-il.

Pourtant, il y a quelques jours, au nord-est de notre position, quatre Sukkhoi ont violé l'espace aérien suédois.

— Ils ne vont pas s'amuser à le faire ici, me garantit Mousse. Ce serait de la provocation, même dans l'agression.

La frontière orientale de la Pologne est la pointe extrême du danger. Je demande aux militaires ce qu'ils pensent de la demande ukrainienne auprès de l'OTAN d'établir une zone d'exclusion aérienne au-dessus du pays. Ils conviennent qu'il aurait fallu que les Ukrainiens la formulassent avant la guerre et que, désormais, une telle position nous rapprochait d'une guerre mondiale. Même scepticisme devant le projet des Américains de repeindre, en échange d'appareils flambant neufs, des Mig polonais aux couleurs ukrainiennes pour les livrer à Kiev. L'idée a été abandonnée depuis car jugée trop risquée, comme celle de livrer des missiles Patriot. Un an plus tard, néanmoins, l'idée de livrer des avions à l'Ukraine refera surface…

*

L'armement de l'Ukraine par ses alliés n'est pas chose nouvelle. Depuis 2014 et la guerre au Donbass, le département américain de la Défense reconnaît avoir livré 27 milliards de dollars d'armes, d'équipements et d'assistance en matière de sécurité[1]. Récemment, ils ont utilisé un Antonov AN-124, avion russe, le plus gros du monde, servant dans l'armée de l'air ukrainienne, pour transporter le matériel depuis l'Estonie. Ainsi, en une semaine après le début du conflit, ce sont quelques 17 000 armes antitanks qui ont été acheminées par les airs jusqu'aux frontières de la Pologne et de la Roumanie puis, par convois, jusqu'à Kiev. Les Russes, trop occupés sans doute dans d'autres endroits du pays, ne les ont pas ciblés[2]. Ce dispositif peut être comparé à celui du blocus de Berlin.

Plusieurs fois, Vladimir Poutine a averti que quiconque agirait pour renforcer militairement l'Ukraine serait considéré comme cobelligérant. Soucieux de ne pas franchir cette frontière, l'OTAN rappelle régulièrement sa fonction défensive, et les États-Unis ont prévenu qu'ils n'enverraient pas d'hommes. Pourtant, à chaque fois, les fournitures d'armes et les projets consistant à offrir à l'Ukraine une couverture aérienne approchent davantage le briquet de la mèche.

Il y a vingt ans, quand les Américains envahissaient l'Irak, le général David Petraeus, l'architecte de la contre-insurrection, avait prononcé ces mots célèbres :

— Dites-moi comme tout cela se termine...

Avec l'Ukraine, la phrase qui se murmure dans les couloirs de la Maison Blanche serait plutôt :

---

1. Département de la Défense, communiqué du 6 janvier 2023, https://www.defense.gov/News/Releases/Release/Article/3261263/more-than-3-billion-in-additional-security-assistance-for-ukraine/.
2. *Haaretz*, "NATO Allies send Ukraine 17 000 anti-tank missiles in six days. Here's the result", 7 mars 2022.

— Dites-moi comment nous ne tomberons pas dans un conflit entre superpuissances...

Les pilotes des Rafale français, plus que quiconque, savent qu'ils évoluent au cœur d'une poudrière. En cas d'escalade, ils seront aux premières loges.

Il est dix heures, l'heure de rentrer à la base. L'horizon s'est mué en un tapis de petits nuages blancs. Le soleil est derrière nous. Les lourdes ailes s'inclinent. L'avion effectue une grande boucle et se retrouve une dernière fois, un court moment, le nez à l'Orient, là où pointent de gros cumulus orageux.

*

Depuis le début de la guerre, dans le cadre de l'OTAN, les forces aériennes françaises ont effectué des dizaines de missions de surveillance et d'appui comme celle que j'ai décrite. Elles ont aussi déployé des troupes au sol en Roumanie et dans les Pays Baltes. En revanche, la France ne compte pas parmi les pays les plus généreux pour armer les soldats ukrainiens, à l'exception du fameux Caesar dont 18 exemplaires – soit le quart de l'artillerie lourde française – ont été livrés. L'aide s'est matérialisée moins en canons qu'en moyens pécuniaires – on parle de plusieurs centaines de millions d'euros.

Les Français se rattraperont début janvier 2023 en offrant des chars AMX10 RC soit, pour la première fois, des blindés de fabrication occidentale. Il s'agit de véhicules en cours de remplacement dans notre propre armée. L'initiative a poussé les Allemands à imiter leurs voisins. Les Occidentaux ont aussi cédé aux demandes de Kiev en envoyant des chars lourds, Leopard 2 et Abrams. La frontière entre l'appui armé et la cobelligérance est de plus en plus ténue.

6.
La première nuit

Il y a Max l'idéaliste, Sabri l'ancien militaire et Greg qui travaille « dans la sécu ». Ils ont tout quitté pour partir aider le peuple ukrainien.

J'échange depuis un petit moment avec Max sur les réseaux sociaux. C'est une amie qui nous a mis en contact. Ce militant, issu de la gauche radicale, n'est pas toujours disponible. Il change souvent d'adresse, en Ukraine. Il loge un coup à Lviv, un autre à Kiev, Nikolaïev ou Odessa. Souvent, il n'est pas joignable plusieurs jours de suite. Puis il réapparaît. Il envoie des photos, très mauvaises. C'est peut-être à dessein, pour se protéger en ne montrant pas l'endroit précis où il se trouve. À travers ces échanges, je devine une vie rythmée par les bombardements et les aléas du casernement.

Max m'a offert de le rejoindre à Odessa avec Sabri et Greg. Il propose de venir me chercher en voiture. De là, nous pourrions gagner leur base à Mikolaïev et passer du temps avec lui pour comprendre le quotidien d'un soldat sur une ligne de front. Le reportage se dessine. S'esquisse, plutôt. Derrière l'idée, les détails sont imprécis, comme souvent. Dans le métier de *reporter*, il y a toujours une phase où l'on se projette, où l'on imagine ce que ce sera. Alors, j'imagine.

J'imagine Max au milieu des militaires ukrainiens. J'ai vu son visage. Il a quelque chose d'un adolescent qui aurait grandi trop vite. En contrepoint, Greg et Sabri m'intéressent parce qu'ils se connaissent. Ils ont combattu ensemble au Rojava, au Kurdistan irakien. Max a conservé le pseudo de Max-Azadi. Il l'a gagné au Rojava, et c'est derrière cette étiquette qu'il communique sur les réseaux sociaux. Comme des centaines de volontaires étrangers depuis 2014, ces jeunes se sont engagés contre Daech auprès des Kurdes. Leurs retrouvailles sur le champ de bataille ukrainien traduisent une forme d'idéalisme et d'insolence. Je les trouve touchants, quoique un peu suicidaires, ces combattants prêts à donner leur vie. Dans leurs discours, ils se réfèrent sans cesse à la cause et au besoin de justice mais, par-delà tout ça, c'est la grande Faucheuse qui les fascine. Ils veulent la côtoyer. Ils veulent la renifler. C'est le point commun qu'ils ont avec nous, les *reporters*. On a beau se donner tout un tas de raisons, il faut être honnête, c'est ce frisson-là qui nous motive.

Comme en Espagne, en 1936, à l'époque des Brigades internationales, l'anarchisme, dans les rangs des volontaires internationaux en Ukraine, n'est pas qu'une idéologie. En effet, le dispositif qui, à l'invitation du président Zelensky, les autorise à rejoindre l'armée, n'est pas au point. Une semaine avant notre départ pour l'Ukraine, le centre de recrutement de la Légion ukrainienne situé à Yavoriv, près de la frontière polonaise, a fait l'objet d'une frappe massive de la part des Russes. Plus d'une centaine de combattants ont été tués. Par chance pour lui, Max, qui est passé par ce centre, en était parti. La localisation de la base de la Légion aurait été donnée aux Russes par un infiltré. Une paranoïa s'est développée chez les combattants mais, plus généralement, et j'aurai l'occasion de m'en rendre compte, chez les Ukrainiens. La peur du traître est vive.

Certains volontaires ont jeté l'éponge. La frappe russe en a refroidi plus d'un. Parmi ces déçus, il y a Michael. Avant mon départ pour l'Ukraine, je l'ai rencontré à Paris. Il rentrait dépité. Il venait de passer un mois dans le pays où il avait fini par atterrir dans un centre de la Légion géorgienne, au sud de Kiev. L'instruction était prodiguée par d'anciens militaires incompétents qui n'hésitaient pas à pointer l'arme vers quelqu'un lors d'un exercice. On lui demandait de monter la garde sans fusil. Comprenant que ses chances d'aller mourir au front étaient maigres et que l'argent qu'il avait mis de côté aurait bientôt disparu, il est revenu de Kiev en stop. Pour Max, Sabri et Greg, les choses se présentaient mieux ; et, néanmoins, j'allais bientôt m'en rendre compte, l'épopée des volontaires français en Ukraine relevait davantage de l'errance que d'une filière clairement structurée.

*

Pour rejoindre Odessa, nous passons par Bucarest. Je fais équipe avec Noël Quidu, mon vieux compagnon de reportage. À l'arrivée à l'aéroport, notre conductrice ukrainienne est facile à repérer au milieu de la foule. Avec son tailleur moulant noir, ses bas résille et ses chaussures carrées à talons hauts, elle semble sortir de boîte de nuit. Elle nous explique que nous ne sommes pas autorisés à traverser la Moldavie. Au Sud, près de la mer Noire, la route est bombardée. La voie de chemin de fer aurait été coupée. Nous allons devoir remonter toute la Roumanie pour entrer en Ukraine par le Nord du pays et ensuite redescendre vers Odessa. Trajet total : 1 200 km environ. En théorie, dix heures. En pratique, presque deux jours.

Évidemment, le tarif n'est plus le même que celui que j'avais négocié avant de partir. Pas d'autre choix que d'accepter, ce qui revient à puiser plus tôt que prévu dans la réserve de billets que nous planquons dans nos vestes. Nous tâcherons d'utiliser nos cartes dès que ça sera possible. Le problème, c'est que la guerre et les cartes de crédit, ça fait rarement bon ménage. Le risque de se retrouver à sec,

6. La première nuit

sans argent pour rentrer, est un aléa du reportage. Dans ce cas, on développe un sixième sens : celui de la débrouille.

Pendant le trajet, j'observe la fille. J'ai du mal à comprendre comment elle va parvenir à conduire sur une telle distance avec des chaussures pareilles. Pour ne rien arranger, elle a les yeux rivés sur son *smartphone* sur lequel elle échange avec un mystérieux correspondant que je comprendrais au fil de la route être son frère. Pour communiquer avec elle, j'utilise le logiciel « Google Trad ». C'est très pratique, mais la manœuvre nécessite de taper ce que l'on veut dire et de montrer à l'autre la traduction dans sa langue. Cela force la conductrice à regarder son téléphone et pas la route où l'on croise sans cesse de gigantesques poids lourds. Je fais mon possible pour échanger avec elle lorsque nous sommes à l'arrêt, mais elle parvient toujours à relancer la conversation dès qu'elle a repris le volant. Pour ne rien arranger, la demoiselle ignore toute notion de limitation de vitesse. Au bout d'un moment, Noël et moi exigeons qu'elle ralentisse. Elle nous jette un œil noir, ralentit pour nous complaire mais ne tarde pas à retrouver sa vitesse précédente. Aussi sommes-nous soulagés lorsqu'elle annonce que nous serons bientôt rejoints par un second chauffeur.

Néanmoins, ce ne sont pas les dangers de la route qui me préoccupent le plus. À mesure que la frontière ukrainienne se rapproche, une forme d'angoisse monte en moi. Je la garde pour moi. J'ai en tête les vidéos qui montrent ce que réservent les Ukrainiens à ceux qu'ils estiment avoir collaboré avec l'autre camp. On y voit des hommes et des femmes, pantalon baissé et cul nu, attachés à des poteaux, saucissonnés dans des films plastique. La population s'amuse à flageller ces collabos des Russes avec des bâtons.

Pour me protéger du risque de me voir arrêté ou pire, j'ai obtenu une carte de presse des Forces armées ukrainiennes. J'en ai été, je dois l'avouer, le premier surpris. J'avais rempli le dossier, y joignant une lettre de mission au nom du *Figaro Magazine*. Je m'étais gardé de mentionner mon passage sur RT France. Pour dire vrai, j'étais confiant car j'avais remarqué que, à la suite de son interdiction en France et en Europe, l'ensemble des contenus de la chaîne russe avaient disparu des réseaux sociaux, de sorte qu'il était impossible d'y trouver la moindre vidéo où je figurais en plateau avec le logo RT. L'agent ukrainien chargé d'accorder les accréditations a certainement dû taper mon nom, mais il n'est pas allé plus loin. Il reste plusieurs articles qui évoquent mon passage chez RT France, écrits par des confrères bienveillants. Seulement, ils sont en français et les langues, ce n'est pas le fort des Ukrainiens, loin de là. Ainsi, grâce à la censure d'une chaîne russe à laquelle j'ai appartenu, j'ai pu obtenir la carte de presse ukrainienne.

Cette suppression radicale de contenus en ligne est troublante, quand on y pense. Je me souviens des difficultés affichées à l'époque par les autorités pour contrer la propagande en ligne de l'État islamique et notamment Amaq, son fil d'informations. On nous expliquait que rendre ces contenus inaccessibles était impossible. Le nettoyage de RT, de Sputnik et de tout média affilié à la Russie est bien la preuve que, quand on veut, on peut. De YouTube à Facebook, toutes les plateformes ont obéi comme un seul homme. Cela en dit long sur la liberté de ces réseaux que nous avons fantasmée…

Cependant, même avec la carte de presse enregistrée dans mon iPhone, un militaire zélé peut toujours aller chercher plus loin. Un détail menace de révéler mon passé. Le risque n'est pas nul. Parfois, je me prends à rêver que les autorités ukrainiennes ont eu connaissance de mon appartenance à la chaîne russe, et qu'elles ont décidé de me laisser une chance. Mieux, je rêve qu'elles ont jugé mon travail suffisamment objectif pour m'autoriser à travailler dans leur pays.

Dans ce rêve fou, l'Ukraine serait un authentique paradis pour la liberté de la presse.

Pour l'instant, les minutes sont longues, à patienter devant le poste de douane de Terebleche, à l'entrée de l'oblast de Tchernivtsi en Ukraine. Devant nous, une barrière rouge et blanche nous barre l'accès au territoire ukrainien. Je n'ose pas regarder vers la guérite des douaniers où mon passeport est examiné. Plusieurs journalistes jugés sympathisants des Russes ont déjà été refoulés à la frontière. J'en ai bien conscience. Une demi-heure s'écoule. Voilà le douanier dans son gros blouson kaki qui s'approche de notre voiture, puis tapote à la vitre du chauffeur. Celui-ci la baisse. Le douanier tend nos passeports. La barrière se lève.

La porte de l'Ukraine s'ouvre. Enfin.

*

En guise de dîner, un crouton de pain mouillé dans un bortsch gras et sans saveur. Nous filons en pleine nuit à travers la campagne. Noël a suggéré de prendre un hôtel près de la frontière et de repartir dès que le jour poindra. Nos guides, la fille et l'autre chauffeur qui nous a rejoint de l'autre côté de la frontière, ne l'entendent pas ainsi. Ils appartiennent à une organisation humanitaire. Ils ont l'habitude de cette route, nous ont-ils assuré. Noël a eu beau protester en expliquant qu'on ne conduisait pas de nuit dans un pays en guerre, le nouveau conducteur ne veut rien savoir.

Au bout d'une heure, la voiture ralentit et s'immobilise. Je m'étais assoupi. Le contrecoup de l'angoisse ressentie à la frontière a laissé place à un relâchement une fois celle-ci franchie. J'ouvre les yeux et découvre que nous sommes entourés par une forêt de hauts sapins, épaisse, d'un vert sombre, une forêt qui a quelque chose de sibérien. Je n'ai guère le temps d'y réfléchir car j'aperçois le canon d'une kalashnikov pointé dans ma direction. Une autre vise Noël, assis à mes côtés sur le siège arrière. Le chauffeur parlemente avec les militaires qui nous ont arrêtés. Comme Noël l'avait dit, nous n'aurions jamais dû circuler de nuit parce qu'il existe un couvre-feu dans toute l'Ukraine et qu'il est en vigueur. Nos guides l'ignoraient. Ils n'ont donc nullement l'expérience dont ils se targuent. S'ils ont accepté de nous conduire, ce n'est pas par charité ou au nom de l'entraide incroyable qui voit l'Occident accourir au chevet de l'Ukraine en ce début de guerre, mais pour toucher les 600 € exigés pour nous amener à Odessa.

Par chance, les soldats ne nous emprisonnent pas. Ils nous demandent simplement de garer la voiture sur un parking situé en pleine forêt. À six heures, le couvre-feu sera levé et nous serons autorisés à repartir.

Le problème, c'est qu'il fait moins dix degrés et qu'il est impossible de trouver le sommeil dans ces circonstances. En plus, nous avons oublié de prendre de l'eau. À l'aide de quelques gestes et du mot « voda » (eau en russe), je convaincs le chauffeur de m'accompagner pour en demander à un groupe de soldats qui veille autour d'un feu, dans une clairière située un peu plus loin. En approchant du brasier, nous tâchons d'être aussi bruyants que possible pour marquer notre présence et éviter d'être pris pour l'ennemi. Les soldats nous repèrent. Ils sont bien disposés et nous offrent volontiers de l'eau pétillante.

La soif étanchée, la morsure du froid redouble. Nous restons là, à végéter dans la voiture. La fille, elle, dort à poings fermés. L'habitude de l'hiver sous ces latitudes, sans doute. Je m'interroge alors sur le bien-fondé de renouer avec le meilleur remède inventé par l'homme pour tuer le temps : la cigarette. J'ai arrêté quelques mois plus tôt mais, dans ces circonstances, je serais pardonné s'il m'arrivait de craquer.

Par chance pour ma santé, en partant, je n'ai pas pensé à prendre les derniers paquets que j'avais en réserve chez moi. Reste l'option de retourner voir les militaires. Les militaires, ça fume, surtout en temps de guerre. Je me ravise, car tout le monde dort et je ne me vois pas y retourner seul.

Enfin, les premières lueurs de l'aube finissent par apparaître. Je les remarque d'abord aux volutes de fumée que fait ma respiration. Je n'ai plus froid. Je viens de passer ma première nuit en Ukraine.

7.
Le blanc des yeux

Dès que nous repartons, nous empruntons les routes militaires, celles sur lesquelles se déplacent les convois. L'autoroute qui descend vers Odessa est encore loin. Cet itinéraire est truffé de *check-points* avec, pour moi, la même angoisse secrète. À chaque fois, cependant, ma carte de presse sert de sésame. En voyant le symbole, une sorte de croix ancienne et ma photo, les militaires nous laissent passer. Nous longeons désormais la Transnistrie, cette région autonome pro-russe de Moldavie où est postée une division blindée russe. C'est sans doute la raison pour laquelle les villages que nous traversons sont déserts. Ils ont été évacués, et la sécurité a été renforcée dans ce secteur.

Le 24 février, les Ukrainiens avaient anticipé que les Russes activeraient leurs troupes en Transnistrie pour faire la jonction avec celles qui déferlaient sur l'Ukraine depuis Kherson et Mykolaev. Sauf que ça ne s'est pas passé comme ça. Les Ukrainiens ont tenu à Mykolaev. Les Russes se sont cassé les dents sur cette ville. Odessa n'est pas tombée. Le contrôle total de la mer Noire et de l'intégralité de la façade maritime de l'Ukraine a alors échappé à Vladimir Poutine.

Le reste du trajet qui nous mène à Odessa est rectiligne. Nous avons rejoint l'autoroute, ce qui semble hélas galvaniser notre chauffeur. Le compteur avoisine les 200 km/h. Noël et moi nous fâchons sérieusement. Il est temps d'en finir avec cet équipage d'allumés complets.

L'arrivée dans les faubourgs d'Odessa vient mettre un terme à ce stress. Nous faisons une pause dans une station-service où un groupe de journalistes équipés de casques et de gilets par balle est venu se ravitailler. Leur accoutrement me surprend. Le front est encore très loin. Nous aussi, nous avons notre équipement, mais il est dans le coffre de la voiture. Un des journalistes m'explique que ce matin, il y a eu des frappes russes dans la région.

On croise un panneau indiquant la direction d'Odessa. Encore quelques minutes, et notre aventure avec nos deux compères sera terminée. Reste le moment de payer où, comme souvent, la fille et le chauffeur propose un prix plus élevé que ce qui avait été convenu. Un classique. Je règle l'affaire par un coup de fil à l'interlocuteur en Allemagne qui nous a arrangé le transport. Le chauffeur compte les billets puis me regarde d'un air agressif. Il n'en touchera pas un de plus que prévu.

*

Centre-ville d'Odessa. Des éclats de voix en français et des rires s'élèvent de la table du restaurant dont nous venons de pousser la porte. Les volontaires français sont arrivés par le train ou en taxi. En Ukraine, les distances sont longues, mais les billets de train abordables. Comme nous, nos compatriotes n'ont pas beaucoup dormi. Les voilà réunis et ils en ont, des choses, à se dire ! Surtout Maxime qui, la veille encore, combattait aux côtés des forces ukrainiennes du côté de Mykolaev. Pour l'instant, ce n'est pas cette nouvelle expérience du feu qui le préoccupe mais son chômage, qui n'est pas encore tombé.

Tout à l'heure, il a appelé sa copine pour qu'elle effectue un virement *via* Western Union.

— Je lui en fais voir, reconnaît-il. J'étais dans mon canapé quand j'ai entendu l'appel du président Zelensky. Elle s'est mise à pleurer. Elle savait que j'allais y aller. On ne s'est pas parlé pendant dix jours.

Après avoir déposé nos affaires à l'auberge de jeunesse, j'accompagne Maxime qui va retirer de l'argent. Il règne une atmosphère étrange à Odessa. La vie est rythmée par les alertes. L'ambiance est tendue. Les gens se méfient. On raconte que des espions russes seraient en ville. Des policiers effectuent des contrôles d'identité à tout bout de champ. Néanmoins, pour les habitants, la vie continue. Les magasins sont bondés. Odessa est une ville connue pour son atmosphère festive. Sa bande-son se décline en une techno de qualité qui résonne jusque dans le hall d'entrée de l'auberge de jeunesse. Les magasins de tatouage sont au moins aussi fréquentés que les églises.

Comme souvent en temps de guerre, on se comporte comme avant, quitte à forcer un peu le trait. À une différence près : dans les églises, il y a beaucoup de dames qui pleurent.

— Les Slaves sont abonnés au malheur, me dit Noël après une visite dans une église de la ville.

Le photographe les connaît bien. Depuis les guerres de Tchétchénie et celles des Balkans jusqu'à l'intervention russe en Syrie, il a passé beaucoup de temps en leur compagnie.

La guerre d'Ukraine est étrange. Dans cette première phase, à l'exception des lignes de front comme à Marioupol et dans le Donbass, c'est une guerre contre un ennemi invisible et une menace diffuse. Une guerre contre soi-même aussi, pour certains habitants de ce pays. Une guerre contre ce Russe avec qui on a vécu côte à côte si longtemps, qui, parfois, est de notre famille et avec qui on partage le poids de l'Histoire et que l'on invite brusquement à ne plus voir dans les Ukrainiens qu'une horde de nazis... L'Europe revit une guerre conventionnelle, armée contre armée, une guerre à l'ancienne, avec deux fronts, deux camps, l'artillerie et l'arrière-front.

Pour les journalistes, pas question d'aller en première ligne. Les militaires ukrainiens sont très méfiants. Je comprends mieux Max et ses photos pourries. Les combattants craignent que les Russes ne les repèrent grâce à un détail dans le paysage et ne les bombardent. C'est arrivé. Des soldats s'étaient filmés et avaient diffusé la vidéo. Ils ont ensuite été bombardés, car l'image indiquait leur position.

*

Max me raconte qu'il est arrivé sur le front sud de l'Ukraine il y a un mois, à un endroit où ça a tapé fort. Par deux fois, il a échappé à des bombardements. La deuxième, il était en opération.

— On a entendu les explosions et vu le ciel rouge, me résume-t-il.

Il a participé à la recherche des corps de ses camarades dans les gravats. Il a aussi perdu tout son équipement et ses papiers. De son paquetage, il sort deux patchs de soldats russes. Je n'ose lui demander d'où proviennent ces trophées. A-t-il eu ceux qui les portaient au bout de son fusil ou les a-t-il ramassés quelque part ? Max et ses deux camarades, Sabri et Greg, ont pour projet de rejoindre diverses unités pour les intégrer. Cependant, très vite, ils conviennent que circuler sans papiers officiels, en Ukraine, c'est trop risqué. Ils doivent donc refaire les leurs, donc retourner à Lviv, au centre de recrutement.

Les trois compagnons doivent aussi s'équiper.

— On m'a dit qu'il y avait un bon surplus en ville, me glisse Max.

Nous laissons les affaires à l'auberge de jeunesse pour nous y rendre. Sur le chemin, nous croisons un marché. Je n'ai nullement besoin d'équipements militaires, mais j'achèterais bien un gel douche car j'ai perdu le mien. J'arrête le groupe dans son élan. J'interroge les commerçants en usant, comme souvent dans ces circonstances, d'un anglais rudimentaire. Ce qui serait un défaut devant un examinateur scolaire est ici une qualité de la meilleure eau. En reportage, presque partout dans le monde, quelques mots prononcés sans accent sont plus efficaces que des phrases avec un bel accent oxonien ou texan. On appelle *globish*, pour anglais global, cette langue qui vise uniquement à communiquer.

Un vendeur me présente ses produits. Mon œil est attiré par un T-shirt noir derrière lui, avec un personnage dessiné. Il le remarque. « Souvenir ! » fait le commerçant, en brandissant le T-shirt qui est à l'effigie de Stépan Bandera. Je lui explique que j'ai besoin d'un savon, pas d'un T-shirt. Il me raconte que Bandera est le père de la nation ukrainienne. Il omet de préciser que Bandera est aussi accusé d'avoir collaboré avec l'Allemagne au temps où les Nazis occupaient l'Ukraine.

Les autres observent la scène de loin, un peu mal à l'aise. D'après mes compagnons, Azov et les néonazis ne combattaient que du côté de Marioupol. Ils souhaitent éviter les fachos à tout prix, surtout ne jamais avoir à combattre à leurs côtés. Sautant sur l'occasion, je les taquine en les mettant face à leurs contradictions :

— Ça vous gêne pas de constater qu'on vend des effigies de Bandera sur le marché d'Odessa ?

Ils me répondent qu'il existe aussi des anarchistes qui se battent en Ukraine, que c'est plutôt avec ceux-là qu'ils souhaitent monter au front. Pour eux, le passé fasciste de certains Ukrainiens n'entache pas la justesse de la cause... même si l'allégeance à cette figure tutélaire devrait poser question.

Nous repartons en direction du surplus. Là encore, nouveau moment de gène car, au milieu de la quincaillerie militaire, ont été glissés quelques insignes d'Azov...

7. Le blanc des yeux

Le temps de récupérer nos affaires à l'auberge de jeunesse et nous rejoignons la gare. Le train part à 22 heures mais, en raison du couvre-feu, il faut y être avant 20 heures.

La soirée est agitée, avec des alertes. Sur la mer Noire, le ciel est maculé de flammèches rouges. « À Barcelone, il faisait un temps idéal pour les bombardements », écrivait la *reporter* Martha Gellhorn[1]. Ça ne loupera pas. Les dépôts d'essence situés à l'ouest de la ville vont être incendiés. Nous montons dans un de ces trains ukrainiens où chaque wagon est sous la responsabilité d'un agent du rail. Rien n'a changé, il semble, depuis le temps de l'Union soviétique.

*

Le train s'ébranle à 22 h pile. Les persiennes dans les comparti-ments ont toutes été fermées pour éviter que le train soit bombardé sur le parcours. Au cours du trajet, chaque passager aura droit à du thé et un biscuit. Affalé sur la banquette, Max est occupé à regarder ses photos sur *smartphone*. Il évoque ses copains du temps du Rojava. Il se souvient en particulier de Michael, son premier ami tué. Puis de Jack, l'Anglais, une vedette chez les combattants kurdes.

— Il parlait leur langue comme personne. Il était toujours volontaire pour aller se battre contre Daech. Il est resté quatre ans avec les Kurdes.

Puis Max s'attarde maintenant sur la photo d'une jeune combattante.

— Elle s'appelait Gule, dit-il. On faisait équipe au déminage des routes. On en profitait pour améliorer moi le kurde, elle l'anglais. On aurait bien fricoté mais, entre l'idéologie prônée par les Kurdes et la peur d'être surpris, aucun n'a jamais osé faire le premier pas. Un jour, elle est partie en opération. Sa chef est revenue et m'a donné son

---

1. Martha Gellhorn, *La Guerre de face* [1959], Les Belles Lettres, « Mémoires de guerre », 2015.

keffieh. Pour moi, le porter au combat est plus efficace que de porter un gilet par balles.

Le périple en train jusqu'à Lviv va durer neuf heures. Idéal pour remonter le fil de leurs vies de soldats atypiques.

Sabri et Max se sont rencontrés sur la terre des Kurdes. Ils étaient à l'académie militaire. Max n'avait jamais vu une arme avant d'y aller. Il n'avait même jamais pris l'avion. C'était en juin 2015. À 34 ans, Sabri avait, lui, une grosse expérience. Il a d'abord été engagé dans l'armée française. Avec le YPG, il a participé à la prise de la ville de Tapqa en Syrie contre l'État islamique. Puis il est allé combattre en Irak, toujours contre le même ennemi.

— J'aime le métier de militaire, m'explique-t-il. J'aime me battre pour une cause. Il faut toujours savoir où est ta place. La mienne est ici, aujourd'hui. Quand je suis arrivé à la frontière ukrainienne, il y a une semaine, le douanier m'a serré la main et m'a dit : « Bon courage. »

Max annonce aux autres qu'il a reçu un message des anarchistes. Au fait, qui sont-ils, ces anars ? Je n'en avais jamais entendu parler. Cela peut paraître étrange d'en retrouver au combat en Ukraine. Ce groupe n'est pas composé de punks à chien qui auraient décidé d'abandonner le parvis de la gare de Rennes pour se sortir les doigts. Il puise son inspiration du personnage de Nestor Makhno, un leader paysan ukrainien qui, après la révolution d'Octobre, avait levé une armée pour se battre à la fois contre les Russes blancs tsaristes et contre l'Armée rouge. Ces anars font résonner les souvenirs de la guerre d'Espagne et de ses volontaires venus de partout sur Terre. Pour nos Français, la comparaison se tient.

En plus de Max et Sabri, j'échange avec Greg, originaire de Wallis et Futuna. Dans le trio, Max est une exception par sa formation politique.

— Je combats avec mon cœur, déclare-t-il. Pour les gens qui subissent la guerre et qui n'ont rien demandé. Je n'ai rien contre les

Russes, mais j'en veux à Poutine. Pour lui, nous, volontaires internationaux, sommes des criminels. On connaît le tarif si les Russes nous attrapent.

Ça n'a pas l'air de le soucier plus que ça. Lorsqu'on lui parle de la mort, il dit n'avoir jamais rien ressenti à la donner, même si le souvenir des yeux de ses ennemis à l'agonie le conduit quelques minutes plus tard au bord des larmes. Singulier personnage... Il répète qu'il n'a pas eu d'autre choix que de prendre les armes, en regardant le tatouage des YPG qu'il porte sur le bras droit. Sur le gauche, avant la fin de la guerre, il compte ajouter celui des glaives ukrainiens. Poutine l'obsède.

— Il veut laisser une trace dans l'Histoire. Moi, j'ai été tabassé par la guerre. Je peux encore encaisser et, ainsi, éviter que des jeunes conscrits ukrainiens inexpérimentés aillent se faire tuer.

— Sauf que, ici, c'est la terre des Ukrainiens, lui rétorque Noël, mon collègue photographe. T'es pas obligé de mourir pour elle.

— C'est notre terre à tous, réplique Max qui tâche de rester lucide malgré son choix de prendre les armes. Zelensky a réveillé l'ours russe qui était en hibernation et de mauvais poil. La guerre profitera aux Américains. Elle se passe loin de chez eux et ils nous vendent du gaz et des armes.

Les Américains.

À cette heure, Max ne se doute pas qu'il va bientôt les regarder dans le blanc des yeux.

8.
Danger de la réalité

George Orwell est mon modèle. Il m'inspire lorsque je suis en reportage, et encore plus ici, où cette guerre d'Ukraine, au moins dans son commencement, a des saveurs d'Espagne. Dans *Hommage à la Catalogne*, le livre de référence sur cette guerre, l'écrivain britannique décrit la réalité crue du front, côté républicain. C'est son quotidien. Singularité parmi ses confrères journalistes et écrivains ayant couvert le conflit, il ne s'empêche jamais de critiquer son propre camp. Son œuvre est la critique la plus intime qui soit du totalitarisme.

Orwell est l'exact opposé des aboyeurs de plateaux. De l'élection des officiers chez les anarchistes qu'il désapprouve car il l'estime contre-productive, à sa passion contrariée pour la corrida quand il se rend compte que tous les matadors sont franquistes, il existe toujours un élément de vérité vraie, de franchise, quel qu'en soit le prix. Lorsque je suis sur le terrain, je m'attache à déceler l'élément de supercherie qui, parfois, anime les intentions de ceux que je rencontre, surtout quand ils me servent de guides.

À ce titre, j'ai noté une constante universelle chez mes hôtes quand je suis en reportage : la sacro-sainte croyance au fait que, si je suis là, c'est pour dire du bien. Ben oui, sinon je ne serais pas autorisé à être ici ! Pour eux, le journalisme s'apparente à un exercice de communication, pour ne pas de dire à un devoir de propagande. Combien de fois ai-je reçu des remarques acerbes après la publication de certains reportages, où mon critique estimait que, compte tenu de l'accès qui m'avait été accordé, le rendu était décevant ou ne ressemblait pas à ce que l'hôte avait imaginé !

Ainsi, en septembre 2020, je me suis rendu en Libye, à Benghazi, à l'invitation des hommes du général Haftar. Ils m'ont montré des mercenaires syriens capturés au cours de la bataille de Tripoli. J'ai interrogé ces Syriens, et j'ai raconté leur vie dans mon papier. On me les avait présentés comme des djihadistes recrutés par Erdogan. Le visage du président turc apparaissait en ville sur des affiches avec un drapeau de Daech en fond. Or, leurs propos ne laissaient en rien penser que ces jeunes Syriens étaient islamistes. Je l'ai écrit. Je n'ai pas été réinvité.

Je me dis qu'Orwell a dû subir les mêmes critiques quand ses admirateurs découvraient ses remarques franches et désagréables – souvent frappées au coin du bon sens, sur le camp républicain. Friedrich Nietzsche écrivait : « Parfois, les gens ne veulent pas voir ou entendre la vérité parce qu'ils ne veulent pas que leurs illusions soient détruites. »[1]

*

Le conflit n'en était encore qu'à son troisième jour quand un diplomate français, Jean-Baptiste Jeangène Vilmer a écrit :

> Quelle que soit l'issue de la guerre, Poutine l'a déjà perdue.
> En plus de pousser vers l'Ouest ce qui restera de l'Ukraine,
> elle va renforcer voire agrandir l'OTAN, isoler et affaiblir la

---

1. Citation de Friedrich Nietzsche qui fait partie de celles qui ne sont pas reliées à une des œuvres du philosophe.

Russie qui deviendra paria, et menacer son propre pouvoir à Moscou. Le début de la fin[1].

Posons les choses avec calme – nous, nous pouvons. L'agression russe est insoutenable. Particulièrement en ce mois d'avril où le retrait des Russes des environs de Kiev révèle un spectacle de désolation. Dans la localité de Boutcha, on retrouve après leur départ 400 cadavres de civils. Quelques semaines plus tard, dans la localité d'Izium, on en dénombrera 450, et à peu près autant pour la ville de Kherson après le retrait russe. « Même la guerre a des règles », rappelle le Comité international de la Croix-Rouge. Au moment où j'écris ces lignes, les Ukrainiens attribuent 34 000 crimes de guerre aux forces armées russe[2]. Difficile de déterminer si ce traitement des civils est l'objet d'une consigne venue d'en haut ou le fait d'unités isolées agissant de leur propre chef. L'indignation est générale. Ces retraits sanglants marquent aussi l'échec de Poutine à prendre Kiev en étau afin de provoquer la chute du gouvernement Zelensky. Les Russes ont envahi. Ils se retrouvent face à un mur. Les Ukrainiens surprennent le monde par leur magnifique résistance.

Néanmoins, les choses stagnent, et la victoire totale des Ukrainiens tarde à se matérialiser. C'est là qu'Orwell intervient.

En effet, la lecture du conflit va prendre une tournure malsaine consistant à écraser la réalité observée sur le terrain sous un éloge sans nuance attribuant une pureté vertueuse, vierge, immaculée aux Ukrainiens, sous peine de se retrouver soi-même accusé de faire le jeu des Russes. La narration médiatique du conflit vise à accompagner une dynamique de victoire pour l'Ukraine. Un rouleau

____

1. *Le Grand Continent*, « Pourquoi Poutine a déjà perdu la guerre », 27 février 2022.
2. CBS News, déclarations du procureur général ukrainien Andriy Kostin, 19 septembre 2022.

compresseur de bons sentiments se déploie. Il vise à rendre inenvisageable la remonté d'expériences issues du terrain dès lors qu'elles ne correspondraient pas au narratif exigé. Cela rappelle étrangement le ministère de la Vérité (ou Miniver) de *1984,* chargé de réécrire l'Histoire en y gommant ce qui est devenu indésirable.

*

Un aperçu de cette hystérie médiatique pour la bonne cause nous avait été fourni avec le conflit en Syrie. Comme Vladimir Poutine, Bachar el-Assad a commis quantité de crimes. Face à la révolte d'une partie de son peuple, il a été aveuglément brutal. La guerre devait conduire à son éviction. L'opposition démocratique allait triompher. C'était gravé en lettres d'or. Las, au fil du temps, la distorsion entre l'intention et ce qu'il se passait sur le terrain, notamment l'emprise grandissante des djihadistes sur l'opposition, a fini par devenir embarrassante. En janvier 2017, le décalage était tel que le journaliste Jean-François Kahn écrivait dans *Marianne* :

> Aussi respectable et même juste soit-elle, une cause justifie-t-elle que, pour la défendre, on abolisse le réel à partir du moment où il devient dérangeant, jusqu'à se construire un monde complètement imaginaire ?[1]

Cette fois, il nous est annoncé que l'Ukraine va gagner la guerre. Sur le principe, on ne peut qu'adhérer à une action qui consisterait à contrer l'agression pour restituer à l'Ukraine les portions de son territoire qui sont occupées. Mais que se passera-t-il si elle ne la gagne

---

1. *Marianne,* « Une victime de plus, la crédibilité médiatique », par Jean-François Kahn, 3 janvier 2017.

pas ? si le conflit se prolonge ? ou si même, pour finir, ce sont les Russes qui en tirent avantage ? Clausewitz n'écrivait-il pas que « gagner une guerre, c'est ne pas la perdre »[1] ? Le monde n'est qu'une perception que nous rationalisons pour la transformer en réalité. Aujourd'hui, tout se passe comme si le raisonnement n'était plus souhaitable. Il est même devenu suspect. Donc il faudrait demeurer dans le domaine de la perception. Raisonner revient à être complotiste ou pro-Russe. Il reste qu'on n'a pas répondu à la question : que va-t-il se passer si le sort des armes n'est pas celui édicté au départ ?

Pour la Syrie, devant le constat d'un résultat contraire à celui espéré, on a choisi d'oublier Bachar et, avec lui, son pays. La dernière tentative de lutter contre le réel est résumée dans cette phrase du ministre français des Affaires étrangères Jean-Yves Le Drian: « On peut presque dire que Bachar a gagné la guerre (...), mais on ne peut pas dire qu'il ait gagné la paix. »[2] La Syrie est devenue un trou noir médiatique, à peine éclairé lorsque les Turcs reviennent de temps à autres réactiver au Nord le conflit avec leur vieil ennemi kurde. Le pays est terrassé par les sanctions-punitions. Sa population, disons les choses comme elles sont, crève de faim. Néanmoins, on n'en parle pas. Lors du tremblement de terre de février 2023, les médias ont porté l'attention des Occidentaux sur la Turquie et la zone d'Idlib contrôlée par les rebelles syriens comme pour éviter d'évoquer la partie du pays contrôlée par le gouvernement, c'est-à-dire 90 % de la Syrie.

En sera-t-il de même en Ukraine si la Russie ne perd pas la guerre ? Si le front se stabilise, si aucune des deux parties ne parvient à prendre l'avantage, va-t-on chercher à oublier ce conflit ?

---

1. Carl Von Clausewitz. *De la guerre* [1832], Éditions de Minuit, 1959.
2. Jean-Yves Le Drian, conférence de presse en marge de l'assemblee annuelle de l'ONU, 24 septembre 2018.

Les va-t-en-guerre occidentaux choisiront-ils de laisser la situation figée, laisser l'Ukraine devenir une nouvelle Corée, séparée en deux entités irréconciliables à l'Est de l'Europe, et l'enfermer dans le silence ?

9.
Le monde de boue

En voyageant avec les volontaires français, en étant témoin de leur rencontre avec le formateur américain, en restant sur place autant que possible, j'ai découvert de premiers signes de décalage entre le discours officiel et la réalité du terrain.

La base de recrutement des volontaires est située dans la ville de Yavoriv, à une soixantaine de kilomètres de Lviv, au fond d'une forêt de bouleaux et de pins. Les villes que l'on croise sur la route ont toutes des airs de Tchernobyl, avec leurs immeubles gris et marron, et leurs cheminées de briques rouges. À mesure que le bus progresse, des Ukrainiens disciplinés montent et viennent s'asseoir. En entendant du français, un papy s'écrit « Fransuski ! » avant de demander aux volontaires de bien s'appliquer pour tuer un maximum de Russes. Ses paroles me semblent étranges, d'autant que, autour de nous, les bords de route regorgent de reliques soviétiques, souvenirs de l'époque où l'Ukraine et la Russie communiaient dans le même paradis rouge. N'en reste-t-il vraiment rien ?

Une jeune femme nous adresse un baiser. Quelques flocons de neige ont fait leur apparition à travers la vitre du car. Dehors, défilent maintenant les champs de terre noire. C'est le temps des semences en Ukraine. Du côté d'Odessa, les champs de blés étaient verts. Ici, les tracteurs tracent leurs sillons sur des langues de terre tellement vastes qu'on n'en voit pas la fin. Ce spectacle me laisse penser que, si la guerre s'arrêtait demain, on pourrait encore éviter la famine aux quatre coins du monde. En effet, une tonne de blé sur quatre produite sur Terre provient de ce pays. La guerre pourrait conduire, en guise de dommage collatéral, à affamer des millions de personnes dans le monde...

*

Le bus marque l'arrêt au centre d'un village.

— On y est, nous informe Max.

Les Français prennent leur paquetage. Nous marchons deux kilomètres environ jusqu'à un point désigné par le GPS du *smartphone* de Max. Au détour d'un virage, des soldats ukrainiens viennent à notre rencontre.

— On est français, annonce Sabri. On vient pour la légion ukrainienne.

Un des soldats passe un coup de fil. Quelques minutes plus tard, un homme de corpulence athlétique, habillé de gris et portant un bonnet commando sur la tête sort d'un véhicule. C'est l'Américain dont j'ai parlé. Et les maudits journalistes que nous sommes ne tardent pas à être fermement invités à déguerpir. Nous obtempérons.

*

Au cœur du village d'à côté, nous marquons l'arrêt quelques minutes devant un grand panneau où figurent une trentaine de portraits de combattants ukrainiens morts au combat. Certaines photos sont anciennes. Elles remontent aux années 1940. Devant eux, point de drapeau ukrainien, mais une bannière avec deux bandes rouge et noire qui flotte. Impossible de comprendre quoi que ce soit à ce qu'il y a écrit sur le monument.

— Ça fait plusieurs fois qu'on voit ce drapeau, me dit Noël. Tu sais ce que c'est ?

— Aucune idée.

Nous découvrirons qu'il s'agit du drapeau des partisans de Stépan Bandera. Dire que Max et ses amis tout à l'heure croyaient dur comme fer que les fachos ukrainiens combattaient tous du côté de Marioupol alors qu'ils sont là, juste à côté. Comme sur le marché d'Odessa, Bandera se rappelle à notre mauvais souvenir. Les drapeaux de ses partisans seront plus présents encore, dans chaque village, lorsque nous repartirons le lendemain en direction de la frontière polonaise.

Ici, c'est la Galicie, le berceau du nationalisme ukrainien, un coin charmant dont le nom a pourtant été porté par une division SS. Assez peu de mes confrères évoque ce sujet dans leurs reportages. Les rares qui s'y sont frottés expliquent sans relâche que l'élément néonazi est ultra-minoritaire dans l'armée ukrainienne, voire qu'il a disparu. L'avocat et fils de chasseurs de nazis Arno Klarsfeld semble être le seul à avoir remarqué que, à Kiev, on emprunte le boulevard Stepan Bandera pour se rendre au monument de Babi Yar où 33 000 juifs ont été assassinés en deux jours par les Allemands, aidés par des supplétifs ukrainiens.

Il est vrai que l'argument du nazisme d'Azov et d'autres unités combattantes est utilisé par le camp d'en face pour justifier la guerre. Poutine parle sans cesse de « dénazifier » l'Ukraine, et il n'est pas le seul, en Russie. De sorte qu'aborder le sujet des origines du nationalisme ukrainien est devenu tabou. Rappeler que Stepan Bandera et son acolyte Roman Choukhevytch ont orchestré une chasse aux juifs et aux Polonais, en dressant des listes et en les traquant au fond des villages au cours de l'occupation allemande, c'est faire le jeu de

9. Le monde de boue

Poutine. À cause de Poutine, on doit se boucher les oreilles devant les propos de feu Simone Veil dans l'émission « Pièces à conviction » du 12 avril 2008 :

> Il y a eu, en Ukraine, avant même que les Allemands n'interviennent, la population locale qui a assassiné des quantités de juifs. La population a été très impliquée. Il y a eu un moment où les Allemands n'étaient pas encore tellement sensibilisés sur cette question. Ce sont très souvent les Ukrainiens qui ont agi eux-mêmes.[1]

Doit-on aussi ignorer le constat dressé en 2016 sur la place de l'extrême-droite dans l'Ukraine de l'après Maidan par Paul Moreira dans son documentaire *Ukraine, les masques de la révolution* ?[2] Le journaliste s'était rendu à Kiev avec pour ambition de montrer la nouvelle Ukraine. Il s'est vite aperçu que la réalité n'était pas tout à fait celle qu'il espérait. Il en est revenu avec, selon ses dires, « une légère sensation de s'être fait avoir ». Rapidement, pour avoir souligné le rôle de groupes comme « Pravy Sektor », « Svoboda » ou « Azov » dans la société et auprès de l'armée ukrainienne, il a été accusé de « reprendre les ficelles de la propagande de Moscou ». On notera au passage que, chez nous, les scrutateurs habituels du nazisme renaissant, toujours prompts à rappeler qu'un ex-Waffen SS est à l'origine du Front national et que, par conséquent, n'est-ce pas, Marine Le Pen représente un danger dictatorial, sont étonnamment muets lorsqu'il s'agit d'évoquer des combattants ukrainiens qui

---

1. Émission « Pièces à conviction », Simone Veil et le père Desbois sur la Shoah en Ukraine, 12 mars 2008, https://www.ina.fr/ina-eclaire-actu/video/3577408001002/simone-veil-et-le-pere-desbois-sur-la-shoah-en-ukraine.
2. *Ukraine : les masques de la révolution*, un film de Paul Moreira, 2016.

arborent ouvertement des insignes hérités du Troisième Reich. Tous les soldats de Kyev n'en portent pas, loin de là, mais on constate que, depuis le début de la guerre, leur usage n'a pas diminué. Du point de vue d'un homme politique, d'un polémiste ou même d'un militaire occidental acquis à la cause de l'Ukraine, cet « oubli » peut apparaître comme recevable. Il ne l'est absolument pas pour un journaliste. Imagine-t-on Orwell masquer que certains Républicains espagnols étaient staliniens sous prétexte que l'admettre eût été faire le jeu de Franco et d'Hitler ?

*

Noël et moi reprenons notre marche à travers la campagne sans trop savoir que faire ni où aller. Il se met à pleuvoir. De retour au village de Yavoriv, je pousse la porte d'un restaurant. Après avoir pris une table et posé nos sacs, nous nous dirigeons vers le buffet où nous devancent trois militaires portant des tenues dont l'origine nous échappe. Ça doit être des soldats originaires des pays de l'Est, des Lituaniens, peut-être. Pourquoi sont-ils là, quand aucun de ces pays n'est officiellement en guerre en Ukraine ? Là, ce n'est plus seulement un Américain vêtu d'une tenue non identifiable. Il s'agit de vrais uniformes. Noël partage ma surprise.

J'appelle Cyril Drouhet, directeur adjoint du *Figaro Magazine*, pour lui raconter dans les grandes lignes notre rencontre avec l'Américain. J'abrège car Noël me fait signe que je parle trop fort, et que les trois militaires nous écoutent. Nous décidons de lever l'ancre et de revenir à Lviv. En attendant le taxi, près de l'abribus où nous sommes descendus à l'aller, deux nouveaux volontaires, un Britannique et un Suédois, nous demandent où se situe le camp de recrutement. Nous leur indiquons l'endroit avant de monter dans le taxi. Pour ne plus

9. Le monde de boue

être localisé, nous éteignons nos téléphones. Une heure plus tard, nous sommes de retour à Lviv.

Le lendemain, à la première heure, nous nous rendons à pied à la gare, où des centaines de réfugiés cherchent toujours à quitter le pays. Un service de bus a été mis à leur disposition. Des bénévoles viennent en aide aux familles qui débarquent en train de toute l'Ukraine. Il règne un formidable sentiment d'entraide entre tous ces gens. Il ne s'écoule pas cinq minutes sans que quelqu'un vienne nous aider à trouver la bonne destination.

Les bus sont bondés. Après des négociations infructueuses, nous trouvons un chauffeur qui accepte de nous amener à Cracovie, pour 60 € chacun. De là, nous sommes convaincus de trouver des vols pour Paris. Nous nous en occuperons plus tard.

Il est sept heures lorsque le véhicule quitte la gare de Lviv. Dans le bus, la conversation avec les autres passagers tourne court. Ce sont des vieillards, des femmes et des enfants. Personne ne parle une autre langue que l'ukrainien et le russe.

À la frontière avec la Pologne, l'attente est interminable. Aucun de ces réfugiés ukrainiens ne se plaint. Pas même les plus petits, qui semblent habitués à attendre. Ces gens viennent pourtant de quitter leur pays sans savoir ce qu'il adviendra de leur maison. En sus, les femmes sont conscientes que leur mari risque de mourir à la guerre. Les douaniers polonais qui les observent sont suspicieux. Ils cherchent des armes. Le conflit en Ukraine a vu l'Occident en fournir des quantités à l'Ukraine. Les Polonais n'ont aucune envie de les voir revenir chez eux ou retourner en Europe nourrir on ne sait quel trafic.

À plusieurs reprises, on nous demande de descendre pour patienter dans un hangar pendant que le bus est inspecté. Tout a été prévu pour que les réfugiés ne manquent de rien. Les Polonais ont même pensé aux jouets pour les enfants. Après que nous avons patienté cinq heures, le bus repart enfin. Il y a encore quatre heures de route.

Nous entrons à Cracovie sous la neige, à la nuit tombée. Après quelques heures de repos dans un hôtel du centre-ville, nous rejoignons au matin l'aéroport Jean-Paul II.

*

Ma rencontre avec l'instructeur américain m'a valu moult déboires par la suite. Je passe sur le fait que, après la publication de mon article dans *Le Figaro Magazine* et quelques émissions télévisées où je l'évoquais, elle a été reprise par les médias pro-Russes comme une preuve de l'implication des Américains en Ukraine. Je me doutais qu'il en serait ainsi, mais je ne l'ai pas choisi. Mon seul parti pris a été, comme toujours, de dire la vérité, quelle qu'elle soit.

En revanche, ce qui m'a étonné, c'est d'entendre certains détracteurs expliquer que, si j'avais rencontré un Américain en Ukraine, c'est parce que j'avais travaillé pour RT France et que j'étais structurellement au service des Russes. Or, si la personne encadrant les volontaires internationaux avait été péruvienne ou papoue, je l'aurais dit itou. L'acharnement idéologique de certains est d'une férocité et d'une bêtise stupéfiantes. Après un an de conflit, il n'y a toujours pas de vainqueur, en revanche, il existe un perdant certain : l'intelligence.

Il est vrai que, à l'époque de la parution de mon article, il n'était pas de bon ton d'évoquer une quelconque présence américaine dans cette guerre. Je suis conscient que ma rencontre avec un seul instructeur n'est pas la preuve d'une implication massive des Américains sur le terrain dans cette guerre. Elle ne donne qu'une indication. Le problème est que mes propos étaient jugés dangereux non à cause

9. Le monde de boue

des faits qu'ils relataient mais parce qu'ils étaient susceptibles de brouiller l'image d'une Ukraine luttant contre l'envahisseur, avec un Occident l'aidant depuis l'extérieur. L'hypothèse d'un conflit par procuration mené par les Américains contre les Russes aurait pu avoir comme effet de tempérer le soutien et la ferveur du public. Cela aurait peut-être aussi été interprété comme de la cobelligérance. Et, de cela, il ne fallait surtout pas parler. J'essuyais les plâtres.

Les choses ont un peu évolué, lorsque, avec des livraisons d'armes massives, il est devenu évident que les Américains ne pouvaient piloter la guerre uniquement depuis Washington. Une vingtaine d'ex-militaires américains ont depuis trouvé la mort dans les combats en Ukraine, dont un ancien Navy Seal, Daniel Whitney Swift, tué le 18 janvier à Dnipro, et un ancien Marine, Peter Reed, tombé le 3 février à Bakhmout. Aucun d'entre eux ne portait d'uniforme américain. Des hommes comme Peter Reed étaient motivés par d'authentiques raisons humanitaires. Il était là comme infirmier, après s'être engagé auprès des Kurdes et avoir servi d'ambulancier sur le front de Mossoul en 2016 dans la bataille contre l'État islamique. Les autres n'avaient pas tous ce même idéalisme.

*

Concluons ce chapitre sur *la* question : qu'est-il advenu de Max et de ses acolytes ? Comment ont-ils survécu au monde réel de la guerre, celui où des hommes vivent, combattent et meurent, un monde de champs de blé, de boue, de froid et de mort – pas celui des réseaux sociaux où certains mènent des croisades derrière des pseudonymes, ni celui des chaînes d'infos en continu où, sans bouger le cul de leur chaise, des généraux qui n'ont fait la guerre que sur des cartes, et encore, il y a vingt ans, vous expliquent doctement ce qui se trame ?

Après notre départ, Max, Sabri et Greg ont tracé leur route dans la guerre. Ils n'ont pas rejoint le front dans la foulée.

Max a dû s'armer de patience en acceptant des petits boulots dans l'humanitaire, le temps de recevoir en parallèle une formation militaire. Un jour, dans mon souvenir au mois de juin l'an dernier, il a posté une vidéo où on le voit dans la campagne, armé d'une roquette RPG. Il se replie tout sourire après avoir détruit un blindé russe. J'ai remarqué que, ce jour-là, il avait le foulard de Gule autour du cou.

Max combat aujourd'hui du côté de Bakhmout, un des points les plus dangereux du front, surnommé le « hachoir à viande » en raison du nombre de morts et de blessés que ce bras de fer entre Russes et Ukrainiens a occasionnés.

Sabri aussi est parti au combat, bien qu'il n'ait jamais été très disert à ce sujet dans les quelques échanges que nous avons eus après mon départ.

Chaque fois qu'on annonce aux informations qu'un volontaire étranger est tombé au combat, je pense à eux.

Greg, lui, a choisi de rentrer en France.

10.
Les fragiles fondements des guerres

Mon retour d'Ukraine m'oblige à me remettre en question. Je viens de côtoyer des hommes qui se disaient prêts à se sacrifier pour l'Ukraine. J'ai découvert un pays en ébullition, des gens dont l'avenir s'est soudain obscurci, un peuple qui se dresse contre son envahisseur. Sur un plateau de CNEWS, je croise un représentant du gouvernement ukrainien en France. Je lui dis ouvertement que, si j'étais Ukrainien, je serais parti combattre. En effet, rien n'est plus abominable que de voir son pays occupé. Et pour ce qui est de la Seconde Guerre mondiale, il me semble couler de source que, si j'avais vécu à l'époque, la Résistance aurait été mon premier choix.

Je m'interroge aussi sur mon rapport avec la Russie. Je ne suis pas Russe. Je ne parle pas la langue. J'ai même longtemps évité tout contact. Enfant de militaire français, né au cœur de la guerre froide et en proie à des conflits politiques au sein de ma famille, avec un père de droite et un oncle de gauche, j'avais rallié le côté paternel où les communistes, c'était le mal, et l'Union soviétique sa tanière. Il n'y avait guère que ma maman pour compenser quelque peu cette cécité sur le monde russe par l'entremise de sa passion pour la danse classique. C'est comme ça que j'ai entendu très tôt parler des ballets du Bolchoï et de Rudolf Noureev...

*

Quand j'étais jeune, mon père était souvent absent. Il se rendait dans des lieux que l'on m'interdisait de connaître. Il servait comme officier supérieur à bord d'un sous-marin nucléaire lanceur d'engins, un SNLE, de ceux qui peuvent anéantir la planète sur ordre du président. Tout ou presque dans sa vie était classé confidentiel défense. Il avait la charge du réacteur du sous-marin. J'avais beau essayer de lui tirer les vers du nez lors de ses permissions, il n'acceptait de me confier que quelques noms qui jalonnaient son mystérieux itinéraire. Les îles Svalbard, l'île Jan Mayen, l'île aux Ours. Son sous-marin partait sous la calotte glacière, dans les parages du pôle Nord d'où il pouvait atteindre, en tirant ses missiles, la plupart des villes concernées par le Pacte de Varsovie.

Dès mon plus jeune âge, donc, j'ai eu conscience que mon père et tous ceux qui, comme lui, avaient choisi le monde des profondeurs, avaient le pouvoir d'anéantir la planète en appuyant sur un bouton. Cela a conditionné mon pacifisme et, paradoxalement, ma fascination pour la figure du guerrier. Ces noms de terres au large de la Norvège m'apparaissaient comme les portes d'un univers de glace qui me privait de mon père plusieurs mois par an. Là-bas, il jouait au chat et à la souris avec ses homologues soviétiques, mais aussi avec les Américains et les Britanniques, nos alliés sur le papier. En effet, sous les mers, dès qu'il s'agit de l'arme atomique et de la dissuasion, il n'y a pas d'alliés. La collision spectaculaire en plein milieu de l'Atlantique, bien des années plus tard, entre un SNLE français et un bâtiment britannique révélera aux yeux du monde que, dans le monde du silence, même entre alliés, c'est silence radio. On se cache, on s'épie, et parfois, comme on ne se dit rien de rien, on se percute.

Mon père me racontait que, à l'époque, chaque départ de patrouille était salué par la présence d'un innocent chalutier russe aux cannes à pêche en forme d'antennes. Dès que le sous-marin franchissait le goulet de Brest, le pêcheur tranquille s'assurait dans quel secteur il plongeait et quels étaient les bâtiments de l'escadre avec qui il allait effectuer ses exercices avant que le monstre d'acier ne se diluât, c'est le terme, dans l'océan. Ces informations étaient, on s'en doute, envoyées à Moscou pour analyse. J'ai oublié le nom du chalutier. *Victor* ou quelque chose comme ça, avec, ensuite, un patronyme se terminant par « ov ». J'entends encore mon père en parler !

Les années passant, ce contexte l'explique peut-être, j'avais écarté toute idée d'ouvrir un livre écrit par un Russe. Je préférais me plonger dans une littérature anglo-saxonne plus attrayante. Tant pis si j'étais conscient qu'il y avait, côté russe, une matière digne que je me penche sur elle un jour... Même topo pour la musique classique, que j'adorais. Je jouais du piano avec passion, mais mes inspirateurs n'allaient jamais au-delà de la Pologne et de Frédéric Chopin. Mlle Bernard, ma prof de piano à Cherbourg, était la petite-fille du peintre Henry Rousseau, dit le « Douanier Rousseau », chef de file de l'art naïf. Elle m'encourageait à jouer Chopin, son compositeur préféré. Partant, je laissais de côté Tchaïkovski et Rachmaninov, dont les œuvres pianistiques comptent parmi les plus difficiles et les plus enivrantes pour quiconque aime cet instrument. Si j'avais écouté ce répertoire à l'époque, je n'aurais peut-être abandonné le piano comme je l'ai fait bêtement autour de l'âge de seize ans, au cours d'une crise d'adolescence aiguë.

*

À l'exception du dissident Soljenitsyne dont *L'Archipel du Goulag* figurait en bonne place dans la bibliothèque familiale, tout ce qui était

10. Les fragiles fondements des guerres

russe était connoté négativement. Mon père rendait les Soviétiques responsables de la fracture du monde. En prétextant terrasser le nazisme, ils ont envahi l'Europe de l'Est.

Les soulèvements de Budapest en 1956 et de Prague en 1968 avaient mon admiration. Ces peuples se battaient pour leur liberté et contre le totalitarisme. Les idées de droite de mon père, logiques pour un officier supérieur de la Marine nationale, m'interdisaient de voir chez les Russes autre chose qu'un univers gris, avec des gens malheureux, qui marchaient dans la rue en regardant leurs pieds, redoutant d'être happés par le goulag au moindre faux pas. C'était pour moi l'équivalent de l'Enfer sur terre.

Mon voyage à Berlin-Est à l'âge de 14 ans a confirmé cette vision. Les gens raclaient la neige avec des pelles le long des avenues sous l'œil des policiers. Les boulangeries étaient vides ou, quand elles ne l'étaient pas, on n'y proposait qu'une seule sorte de gâteau. Standardisation, massification avec un truc allemand en plus : dans tous les compartiments de la vie, il y avait un fusil. Je regagnais l'Ouest au bout de quelques heures, soulagé de retrouver le camp de la liberté où l'on pouvait tout faire et tout dire. C'est du moins ce que je croyais à l'époque...

Quand les peuples se sont libérés après la chute du mur de Berlin, la joie immense s'est doublée d'une surprise de taille. Malgré le quasi esclavage qu'il avait fait régner sur sa partie du monde, le communisme avait l'avantage d'avoir conservé les peuples dans leur forme traditionnelle. C'était comme s'ils sortaient du formol. Ils étaient un peu nous, mais quarante ans plus tôt. Ils restaient très patriotes alors que, à mon grand regret de fils de combattant des mers, ce sentiment commençait à s'étioler dans le monde occidental. Cette conscience identitaire profonde les avait aidés à tenir tant qu'avait pesé le joug moscovite.

À l'époque, je ne comprenais pas que certains, chez nous, soient restés communistes devant la déconvenue idéologique que représentait la chute du Mur. Je ne le comprends toujours pas. Quand je parle des communistes, je parle de ceux qui sont issus du moule originel. Ils ont été 800 000 à voter pour Fabien Roussel aux dernières élections présidentielles. Ils se rattachent à un passé nostalgique où le PCF étaient le grand ordonnateur des banlieues françaises. Il imposait un ordre et une forme de justice. Ils passent sous silence le fait que le parti communiste a été le plus fidèle serviteur de Moscou du monde occidental.

Néanmoins, aujourd'hui, je suis prêt à leur pardonner, car ce ne sont plus eux les pires. Face à la dérive wokiste d'une partie de la gauche, ils font figure de sympathiques franchouillards. Ils semblent presque être les tenants d'un sursaut face à la dérive mortifère de déconstruction radicale qui habite la gauche et qui s'attaque aux fondements mêmes de notre civilisation...

*

Quand, en 2014, la guerre en Ukraine a commencé dans le Donbass, mon point de vue sur la Russie n'a pas changé. Je regardais ça de loin. D'un point de vue professionnel, j'ai beaucoup couvert les conséquences du 11 septembre en Irak, en Afghanistan et en Syrie.

Dans leur réponse au 11 septembre, les Américains ont joué la carte du *clash* des civilisations cher à Samuel Huntington. Cependant, on sentait que, au-delà de l'invasion de l'Irak déclenchée au prétexte d'y traquer des armes de destruction massive mais surtout pour abattre le régime d'un Saddam Hussein qui, jusque-là, avait servi l'Occident, il existait une raison plus profonde à cette guerre, liée au *leadership* mondial avec le contrôle de l'énergie en toile de fond. Les barbus avaient bon dos. Saddam le laïc a été mis dans le lot sans que cela n'émeuve grand monde, à part peut-être, et de façon spectaculaire, Jacques Chirac et Dominique de Villepin, lorsqu'ils ont refusé de laisser embarquer la France dans l'aventure irakienne de l'Oncle Sam.

Les barbus honnis ont été fort utiles lorsqu'il s'est agi de trouver un objet de vengeance pour les tours écroulées. Souvent caricaturaux, dotés d'une disposition à massacrer mais aussi à mourir quand on le leur demande, les djihadistes épousaient à merveille la fresque hollywoodienne du Bien et du Mal. Comme le disait récemment un humoriste : « Depuis l'invasion de l'Ukraine, les Russes c'est re-les-méchants dans les films. Au passage, bravo aux Arabes pour l'intérim. Beau boulot mais, maintenant, faut laisser faire les pros ! »

C'est de l'humour, oui mais, parfois, l'humour permet, comme le dessin, de saisir des vérités que les mots ou les photos parviennent mal à traduire.

11.
La fabrique de l'Histoire

En anglais, un élément dont le surgissement transforme une situation, on appelle cela un *game changer*. Je ne connais pas l'équivalent en ukrainien, et pourtant...

Juillet 2022. En Ukraine, la situation semble figée. La Russie a conquis environ 20 % du territoire ukrainien, un territoire qui s'étale du nord-est de Kharkiv jusqu'à l'embouchure du Dniepr, après la ville de Kherson. En apparence, elle a réduit ses ambitions territoriales en abandonnant la région de Kiev. Par leur résistance inattendue, les Ukrainiens sont parvenus à fixer l'envahisseur sur un front d'environ 1200 km. Le mythe de l'invincibilité des Russes est ébranlé.

Néanmoins, sur le champ de bataille, la défense ukrainienne manque encore de l'essentiel. Sa survie tient du miracle et aussi de grosses carences initiales des Russes. Pour l'instant, en dehors de l'arsenal post-soviétique dont elle dispose, de son intégration sur le modèle de l'OTAN grâce au travail des instructeurs américains et occidentaux depuis 2014, et d'un stock constitué surtout de missiles anti-char portables Javelin et NLAW, l'Ukraine n'a pas assez d'armes lourdes. La plupart des pays qui la soutiennent considèrent que fournir de telles armes les mettrait sur la voie de la cobelligérance.

C'est alors que les États-Unis acceptent de fournir à l'Ukraine des missiles M-142 HIMARS. On les surnomme les « armes miraculeuses », tant leur efficacité sur le champ de bataille est réputée décisive. Il s'agit d'une technologie de lance-roquettes guidée et à longue portée. Le lanceur est placé sur un camion tactique de 5 tonnes, un véhicule très mobile qui peut exploiter plus facilement la grande portée de l'armement pour atteindre une cible lointaine et, très vite, se mettre à l'abri. Avec ce don, c'est un pas décisif que fait l'Amérique pour contrer, *via* l'Ukraine, son vieil adversaire russe. Elle tombe le masque.

*

À y regarder de plus près, l'affrontement Est-Ouest n'a jamais cessé. Depuis 1991 et la chute de l'URSS, on a écrit des livres sur la fin de l'histoire et le triomphe du modèle occidental. Le monde s'est mobilisé contre l'islam radical, menace mortelle pour les démocraties. Il ne s'agissait que d'un dérivatif avant le retour du grand mano a mano entre *yankees* et *ruskovs*. « Ivan meets GI Joe » dit la chanson des Clash. On s'est tous jetés sur Francis Fukuyama et Gilles Kepel pour comprendre l'époque, alors que l'on aurait mieux fait de ressortir des bibliothèques *Le Grand Échiquier* de Zbigniew Brzezinzky[1], car il décrit très précisément ce qui se passe en ce moment.

À des époques différentes, pour les Russes en Tchétchénie puis sur leur propre territoire, pour les Américains au Moyen-Orient puis en plein cœur de New York, l'islam radical a frappé les deux empires. Il a parfois été l'objet d'une lutte conjointe, logique lorsque l'État islamique a conquis une partie de l'Irak et de la Syrie en 2014. Pourtant, il existait toujours une arrière-pensée. On tâchait de cibler le même adversaire, en évitant que les avions respectifs ne se touchent. Une esquisse de dialogue voyait le jour, sans que jamais sa formalisation

---

1. Zbigniew Brzezinski. *Le Grand Échiquier, l'Amérique et le reste du monde* [1997], Pluriel, 2011.

n'aboutît. Au niveau militaire, cela s'appelait « déconfliction ». Ce nonobstant, entre Américains et Russes, il demeurait un vieil antagonisme non soldé.

Reconnaissons-le : nous, les observateurs de l'actualité, étions naïfs. Nous croyions que le monde avait changé d'époque. C'est très *catchy*, pour des journalistes, de parler d'un changement d'époque. Ça permet d'avoir des choses nouvelles à dire. Or, jamais Russes et Américains n'ont eu le désir de signer la paix. La période de vingt ans que bornent le 11 septembre 2001 et le retour des talibans au pouvoir en Afghanistan n'a servi qu'à affûter les baïonnettes. Pour le comprendre, il eût suffi d'observer le chiffre du budget américain de la Défense. Il augmentait chaque année de façon exponentielle. Le 16 décembre 2022, il atteint les 858 milliards de dollars. Presque 1 000 milliards de dollars, ça ne sert pas seulement à financer des drones armés destinés à éliminer quelques Bédouins énervés planqués dans le désert.

S'il n'a jamais cessé, ce conflit américano-russe n'a pas commencé avec la Seconde Guerre mondiale. Les partisans de Poutine expliquent souvent que l'on s'est entendu avec Staline pour abattre Hitler. Il est vrai que la grande guerre patriotique des Russes se serait sans doute terminée en désastre sans la fourniture massive par l'Occident de matériel et d'argent au camp soviétique. Les Allemands étaient à trente kilomètres du centre de Moscou. Le sursaut russe, notoirement à Stalingrad puis à Koursk, a été magistral, mais l'aide américaine à la Russie n'en a pas moins été massive. Grâce au programme « *lend-lease* » (prêt-bail) voté par le Congrès en mars 1941 les Américains ont octroyé 11,3 milliards de dollars d'aide à la Russie entre 1941 et 1945, ce qui équivaut aujourd'hui à plus de 180 milliards, soit quatre fois l'aide apportée en un an à l'Ukraine.

L'ironie de l'histoire fait que, aujourd'hui, ces mêmes Américains qui, autrefois, ont aidé la Russie à combattre l'Allemagne, en laissant

11. La fabrique de l'Histoire

de côté leurs arrière-pensées idéologiques, font tout pour l'affaiblir. C'est en effet le même Congrès qui vote des aides militaires et financières massives à l'Ukraine chaque mois dans le but de vaincre l'armée russe. En février 2023, elles avoisinent les 27 milliards de dollars en aides militaires pour 50 milliards au total[1].

Évidemment, les circonstances ne sont pas les mêmes. Les Américains se justifient en mettant en avant la responsabilité des Russes dans le conflit en Ukraine. C'est la Russie qui a pris l'initiative d'attaquer. Autrefois, c'est Hitler qui était entré en Russie. Néanmoins, l'aide américaine relève d'une approche similaire d'aide sans envoi de troupes. Franklin Roosevelt l'expliquait ainsi :

> Supposons que la maison de mon voisin prenne feu. (…) Si je l'autorise à prendre mon tuyau d'arrosage pour qu'il le visse sur sa prise d'eau, je pourrai l'aider ainsi à éteindre l'incendie. Alors, qu'est-ce que je fais ? Je ne vais pas lui dire, avant la manœuvre : « Cher voisin, mon tuyau m'a coûté 15 dollars, tu me dois 15 dollars. » Je ne veux pas de ses 15 dollars – ce que je veux, c'est récupérer mon tuyau plus tard. Autrement dit, si on prête certaines munitions, et que les munitions nous sont rendues après la guerre, tout va bien.

Le prêt-bail n'a jamais été remboursé. Roosevelt le considérait comme un don de l'« arsenal des démocraties » contre le fascisme et le nazisme[2].

---

1. Council on Foreign relations, "How much aid has the US sent Ukraine", 16 décembre 2022, https://www.cfr.org/article/how-much-aid-has-us-sent-ukraine-here-are-six-charts.
2. Share America (département d'État des États-Unis), « Le matériel militaire livré par les États-Unis à l'U.R.S.S. a aidé à vaincre le nazisme », par Lauren Monsen, 29 avril 2020, https://share.america.gov/fr/le-materiel-militaire-livre-par-les-etats-unis-a-lu-r-s-s-a-aide-a-vaincre-le-nazisme/.

Sans surprise, la narration des pro-Russes du conflit actuel passe sous silence l'aide occidentale, encore davantage avec cette guerre où tout est fait pour réveiller les fantômes héroïques du passé. Rien ne doit venir parasiter la narration d'un peuple russe, héroïque et vaillant, acculé et au bord du précipice et qui a sacrifié vingt millions des siens pour sauver l'humanité. S'ils font l'impasse sur la puissance qui fournissait les armes, on ne saurait oublier pour autant la réalité de leur sacrifice. C'est une erreur de s'y être longtemps abaissé.

*

Autrefois, les Français étaient conscients de ce sacrifice colossal. Un sondage effectué à la fin de la Seconde Guerre mondiale montrait que 57% d'entre eux considéraient que les vainqueurs de la Seconde Guerre mondiale étaient les Russes. Le même sondage reconduit en 1994 puis en 2004 donnait les Américains vainqueurs avec 58 %, soit une inversion totale de l'opinion[1].

Dans l'intervalle, la machine hollywoodienne est passée par là, avec ses fresques qui, du *Jour le plus long* à *Il faut sauver le soldat Ryan*, ont transformé le débarquement en Normandie en pierre angulaire du triomphe contre le nazisme. Peu importe que, en Normandie, la bataille décisive eût eu lieu non pas sur les célèbres plages, mais entre Bayeux et Caen, dans les bourgs de Villers-Bocage, de Tilly-sur-Seulles, et dans les haies entre Coutances et Perrier, c'est le souvenir d'Omaha Beach qui écrase tout. Au-delà, la bataille de

---

1. IFOP, sondage 1945 « La nation qui a contribué le plus à la défaite de l'Allemagne », https://www.ifop.com/publication/la-nation-qui-a-le-plus-contribue-a-la-defaite-de-lallemagne/. Voir également l'article de *Slate*, « Vous croyez que ce sont les États-Unis qui ont le plus contribué à la défaite nazie ? Détrompez-vous », par Étienne Goetz, 24 juin 2014, https://www.slate.fr/story/88935/defaite-nazis-sondage.

Normandie occulte celle des Ardennes, pourtant la plus meurtrière en Europe pour les Américains.

Lors des visites scolaires sur les plages du Débarquement, le programme se termine toujours par un passage au Mémorial de Caen où l'on parle aux enfants de la Shoah. Qu'Auschwitz ait été libéré par l'Armée Rouge est à peine mentionné. Comme si, d'Omaha Beach jusqu'à Auschwitz, il s'agissait d'un tout. Comme si, surtout, le « D-Day » devait être appréhendé comme une synthèse de la libération de l'Europe qui n'exige pas d'explorer plus loin. Un exemple frappant de cet état d'esprit figure sur les murs de l'hôtel du Lion d'or à Bayeux. De nombreux dignitaires militaires et civils y sont descendus au fil des ans, laissant autant de photos dédicacées dans le prestigieux établissement. Celle de Montgomery qui signe « Montgomery of Alamein », du nom de sa prestigieuse victoire en Afrique, côtoie celle d'Eisenhower. Rien d'étonnant quand on se promène du côté des plages du Débarquement.

Plus étrange est cette photo dédicacée de John Wayne, tirée du film *Le Jour le plus long*. Il trône, en uniforme de GI avec son arme et sa gueule d'ange, au milieu des vrais héros, et tout le monde trouve ça normal. Pourtant, John Wayne a été exempté du service militaire lors de la Seconde Guerre mondiale. A 34 ans, père de quatre enfants, il a reçu un 3-A (sursis familial) après Pearl Harbor et n'a jamais eu à se battre. Les mauvaises langues racontent même qu'il aurait profité de l'absence de Paul Newman et de Henry Fonda partis, eux, au front, pour devenir le plus grand acteur de Hollywood.

D'un point de vue américain, cette dédicace au milieu des héros ne pose pourtant aucun problème. Le rôle de John Wayne dans ce film est aussi important que la victoire sur le champ de bataille elle-même. Les GIs ont versé leur sang. John Wayne a figé leur gloire sur la pellicule. Sans lui, il ne resterait d'eux que des noms en lettres dorées sur des croix blanches et onze photos noircies des plages le Jour J, prises par le photoreporter Robert Kappa. John Wayne n'a jamais combattu, mais il incarne la Victoire.

Face à ça, la victoire de Stalingrad fait pâle figure. Quelques films, pas excellents pour la plupart, rendent hommage à cet événement qui fut le véritable tournant du conflit. Hélas, en Occident, pour les jeunes générations, Stalingrad évoque aujourd'hui davantage le nom d'une station du métro parisien que le souvenir de la plus terrible bataille.

*

Les Russes ne sont pas les seuls à souffrir de cette mise à l'index par les Américains avec leur façon cinématographique de revisiter l'histoire. *U-571*, un film sur la Bataille de l'Atlantique, retire aux Anglais l'exploit d'avoir déchiffré la machine Enigma et le système de codage allemand. Celui-ci se retrouve attribué aux Américains. Quand le film est sorti, les Anglais n'ont pas protesté. Ils restent en tout point les plus fidèles alliés et se satisfont de cette place de chiens de garde des intérêts américains dans le monde. Je ne comprends pas ce qui les motive. J'ai beau chercher, je ne trouve comme explication qu'un puissant complexe de supériorité. Un colonel britannique, à la moustache frisée, rencontré au hasard d'un reportage en Afghanistan, m'avait dit, rigolard – mais plaisantait-il, dans le fond ? –, que l'Amérique est en quelque sorte leur colonie, et ses habitants des sujets britanniques mal dégrossis.

Pour les Français, c'est une autre histoire. Notre pays a souvent éprouvé des sentiments ambigus vis-à-vis des Américains. De Gaulle les détestait tout en ayant fait le choix de combattre à leur côté. Roosevelt se méfiait de lui, le traitant en privé de dictateur. Je conseille

11. La fabrique de l'Histoire

à ce sujet le magistral *D-Day*[1] de l'historien britannique Antony Beevor. Le livre retrace les coulisses du débarquement en soulignant l'attitude hautaine de De Gaulle à Londres vis-à-vis d'Eisenhower. On y apprend que le général français a d'abord refusé de s'associer au communiqué commun annonçant le Débarquement en Normandie. De Gaulle n'est d'ailleurs pas le seul à poser un problème à Londres et à Washington. Le général Leclerc commet presque l'irréparable. Churchill avait convaincu l'état-major américain de la nécessité de laisser une division française figurer dans la campagne de France. Il a été décidé de faire revenir la division Leclerc d'Afrique du Nord. À peine débarqués, les soldats français n'ont rien trouvé de mieux pour remercier leurs hôtes britanniques que d'organiser une cérémonie en l'honneur de Jeanne d'Arc.

Le rôle du Parti communiste français sous influence soviétique et son action perturbatrice dans l'acheminement de l'aide du Plan Marshall manifestent de manière éclatante l'anti-américanisme hexagonal. Les racines en sont profondes. Paradoxalement, bien que nous nous cramponnions à nos traditions face à la toute-puissance de la consommation de masse, nous nous sommes largement ouverts à l'influence culturelle américaine. Ainsi de Johnny Hallyday, qui incarne à lui seul le paradoxe français.

Pendant vingt-sept ans à *Paris Match*, j'ai eu souvent l'occasion de réfléchir au phénomène Johnny. Au départ, il y a une fascination pour Elvis Presley, Johnny Cash et le *blues*. C'est un trait commun à toute une génération de chanteurs. Le *blues* donc, même si on l'oublie la plupart du temps, la musique noire. Dès l'après-guerre, voilà des Français fanatiques d'un genre musical que les Américains, figés dans la ségrégation, ignorent poliment ou, parce qu'il y a du talent

---

1. Antony Beevor, *D-Day et la bataille de Normandie*, traduit par Jean-François Séné et Raymond Clarinard, Calmann-Lévy, 2009.

et que l'époque est au rock, revisitent grâce à des chanteurs blancs. Johnny fantasmait une Amérique qu'il comprenait mal et au sein de laquelle il n'a jamais eu ni succès, ni reconnaissance. À tel point que, à la fin des années 1990, lorsqu'il décide de se produire à Las Vegas lors de concerts qu'il vivait comme un rêve de gosse, il doit se résoudre à affréter plusieurs avions pour acheminer son public, de peur de se produire devant des salles vides.

Moi-même, j'ai été ébloui par les États-Unis lorsque j'ai eu la chance de découvrir le nouveau continent. Par bonheur et pour ce qui s'est révélé être une plus juste perception, le hasard d'un voyage Erasmus m'avait conduit à éviter New York et Los Angeles, pour me plonger au cœur de l'espace qui existe entre ces deux villes. Souvent coloriée en rouge sur les cartes électorales, cette zone correspond au fief des Républicains. J'ai atterri en 1986 dans une banlieue de Detroit, et l'année suivant dans une petite ville rurale proche d'Atlanta. Le choc a été salutaire. Sans lui, je ferais peut-être partie de ces américanolâtres insupportables que je croise parfois sur les plateaux télé.

12.
La pièce de théâtre

L'Amérique que j'ai découverte n'avait rien à voir avec celle des films, encore qu'elle en eût toutes les apparences.

Il existait des cinémas en plein air, des voitures deux fois plus grandes que chez nous, des camions chromés, des stations-essence Texaco, des chaînes de *fast-food* aux carrelage blanc et rouge, où l'on était servi par des serveuses surmaquillées qui souriaient tout le temps. Les paysages étaient superbes, les routes infinies, les cieux plus larges qu'ailleurs mais, dans leurs têtes, les Américains ressemblaient à s'y méprendre aux paysans de chez nous. Ils n'avaient jamais bougé.

La plupart des gens que j'ai rencontrés connaissaient à peine les autres États de l'Union. Ils conduisaient beaucoup mais jamais loin. Surtout, pour un pays censé incarner la diversité au travers de la somme des migrants qui l'avait façonné, ils vivaient entre Blancs ou entre Noirs. Dans leur vision du monde, il n'existait aucune envie de découvrir quoi que ce fût. Ils n'avaient aucun désir d'envahir ou de libérer qui que ce fût.

Davantage qu'une question de motivation, la perception de l'autre chez un Américain est essentiellement une affaire d'intérêt, ou plutôt de désintérêt. La génération qui a suivi la Seconde Guerre mondiale était redevenue assez indifférente aux exploits passés. L'Histoire et la politique ne les intéressaient pas. Lorsqu'ils parlaient du Moyen-Orient, la haine anti-américaine qui avait libre cours semblait les attrister. C'était comme si, pour eux, le reste du monde aurait dû vibrer pour l'Amérique. Et quand il s'y refusait, ces Américains y décelaient une anomalie. Ils ne comprenaient pas, par exemple, quand je leur disais que je n'avais pas envie de devenir Américain.

Un jour, à Atlanta, j'avais laissé bouche bée ma famille d'accueil en lâchant que oui, tous les jours, je passais en voiture devant la tour Eiffel mais que, non, je n'y avais jamais mis les pieds. On m'a pris pour un fou. La tour Eiffel, c'était, pour eux, une forme de Graal. Comme Las Vegas pour Johnny, un contre-sens total. Une fois à l'intérieur, ils se seraient rendu compte qu'il ne s'agissait que d'un « monument d'inutilité » comme l'a joliment écrit l'écrivain Jean Raspail.

Plus tard, je rencontrerais un soldat américain en Irak qui, pour m'impressionner, m'a expliqué qu'il avait demandé sa fiancée en mariage à Paris. Johnny, Los Angeles, la tour Eiffel et Paris... Tout cela n'était qu'un malentendu.

*

Mon immersion précoce au cœur d'une terre ignorée des médias m'a bien servi, plus tard, pour expliquer l'Amérique de Georges Bush ou celle de Donald Trump, le pourquoi du comment qui fait que l'empire de la modernité, celui qui envoie des hommes sur la Lune, élit aussi des bouseux élevés à la côte de porc et au Coca-Cola *light*. Devant ces victoires de républicains à tendance *redneck*, ou même, finalement, devant celle de présidents démocrates qui se révèlent pas si sympathiques que ça avec les Français une fois élus, mes confrères journalistes s'entichaient à projeter sur ce pays le film où le gentil triomphe à la fin. Arno Klarsfeld me disait que lui-même, tout en dénonçant les travers de la plus puissante nation du monde, continuait d'aimer les Américains[1].

Moi aussi, je les aime à ma manière. Ce pays a de très bons côtés. On y fait des rencontres exceptionnelles. Les Américains ont cet art de la conversation facile qui rend la vie légère et agréable. C'est mieux que de se regarder en chiens de faïence dans le métro. À chaque voyage, je m'y retrouve comme un poisson dans l'eau. Mais je voudrais qu'on cessât de fantasmer sur cette confédération, comme on continue de le faire dans certains cercles, et de lui prêter un rôle majeur dans le développement du monde vers l'harmonie universelle. L'Amérique a eu beau maîtriser les codes et la vitesse de la communication planétaire en inventant les GAFAM, le contenu que distille cette entité n'est ni meilleur ni pire que celui d'un autre pays : il jaillit de l'écorce humaine.

À 15 ans, dans les faubourgs d'Atlanta, j'avais le sentiment que le pire pourrait un jour surgir de ce monde-là, et qu'il n'était en rien le privilège de nos vieilles civilisations où l'on marche sur les morts. Il n'existe aucune fatalité dans le progrès humain. Ce dernier n'est pas l'apanage d'une idéologie, que ce soit celle du marché ou, de l'autre côté, des travailleurs.

Et puis, il y a la guerre.

*

La guerre est une spécialité américaine puisque ce pays a déclenché ou été impliqué dans plus de 400 conflits depuis sa création en 1776[2].

---

1. Omerta, Arno Klarsfeld "L'Ukraine n'est pas innocente", *interview* par l'auteur, 13 février 2023, https://www.youtube.com/watch?v=IC1Yd4p3iXE.
2. "Introducing the Military Intervention Project: A New Dataset on US Military Interventions, 1776–2019", https://journals.sagepub.com/doi/epub/10.1177/00220027221117546.

Depuis la Seconde Guerre mondiale et sa « génération la plus brave », comme on qualifie les soldats venus libérer l'Europe, on ne peut pas dire que les États-Unis se soient toujours distingués par des faits d'armes glorieux. En un peu plus d'un siècle, ils ont eu par trois fois les clefs du monde.

La première fois, c'était après l'armistice de 1918. Détenteurs du plus grand stock d'or et d'un *leadership* neuf face à des nations autrefois puissantes mais écrasées par la guerre, ils avaient les coudées franches pour changer le monde. Mais les velléités d'une paix durable du président Wilson, ses dix-neuf points et sa Ligue des Nations n'ont pu empêcher un nouveau désastre vingt ans plus tard.

La deuxième clef leur a été remise en 1945. Provisoirement, ils ont réussi. L'OTAN a empêché Staline d'absorber l'Europe entière, et Yalta a rendu la guerre justement froide, en glaçant tout ou à peu près.

À la troisième occasion, en revanche, les Américains auraient pu installer une paix durable avec la Russie. Mikhaïl Gorbatchev leur tendait la main. Ils ne l'ont pas saisie, et une partie du problème actuel avec l'Ukraine en résulte.

Pour le reste, les Américains ont eu tendance à perdre leurs guerres en laissant derrière eux des pays en lambeaux. Le Vietnam tient dans ce palmarès une place de choix, celle d'une intervention décidée au nom de la lutte contre le communisme et qui s'achève piteusement, par le départ du gamin enragé qui aurait cassé son jouet et laisserait tout sur place, avec des pertes qui s'évaluent tout de même à 58 000 soldats américains tués et plus de trois millions de Vietnamiens tous camps confondus[1]. Les coups d'État, ensuite, celui contre Mohammad Mossadegh en 1953 en Iran, un Premier ministre élu démocratiquement et néanmoins remplacé par un monarque,

---

1. Britannica, "Vietnam war, 1954-1975", https://www.britannica.com/event/Vietnam-War.

le shah d'Iran, le tout par l'entremise de la CIA et des services britanniques. Comment ignorer que, à la source de l'avènement de Khomeini et de sa révolution islamique, il y a la conséquence de ces manipulations ? Celui de Pinochet au Chili en 1973, a été un cas d'école avec, là aussi, une implication directe de la CIA[1].

Et puis, au gré des intérêts américains, une série de coups de force a secoué les pays d'Amérique du Sud et d'ailleurs. Il convient d'observer que la presse suit à chaque changement de régime presque mot pour mot la narration officielle. Des émeutiers prenant les armes au nom d'un *leader* jugé hostile aux intérêts américains se voient affublés dans les articles du qualificatif de « *angry mob* », « *rioters* » (foule en colère, émeutiers). Les mêmes émeutiers combattant pour un *leader* ayant reçu la bénédiction de Washington sont désignés comme « combattants de la liberté » ou carrément « le peuple ». Et ce, qu'importe l'attitude dudit *leader* en matière de droits de l'Homme.

Enfin, il y a eu l'invasion inachevée de l'Irak en 1991, pays que l'Amérique a armé et dont elle s'est servie pendant des décennies. Cependant, au bout d'une guerre de dix ans contre l'Iran, elle a soudain décidé que Saddam Hussein devait rembourser, le poussant par là-même à envahir le Koweït[2]. Douze ans plus tard, une nouvelle invasion fondée sur des mensonges est venue mettre un terme à la dictature de Saddam Hussein, mais aussi provoquer l'instabilité dans le pays. À l'image des conflits comme la Somalie, l'Irak, l'Afghanistan ou la Libye, décidés dans des fauteuils en cuir sur Pennsylvania Avenue, l'aventure militaire américaine en Irak s'est achevée en un

---

1. ABC News, "CIA admits involvement in Chile", par David Briscoe, 20 septembre 2000. https://abcnews.go.com/International/story?id=82588&page=1.
2. Sur les raisons de cette guerre : BBC, « Anniversaire de l'invasion du Koweït par l'Irak : l'opération qui a changé le Moyen-Orient à jamais », 8 août 2021.https://www.bbc.com/afrique/monde-58104165.

12. La pièce de théâtre

océan de ruines. N'oublions jamais que ces guerres n'ont jamais répondu à la promesse qui motivait leur déclenchement : apporter la liberté et installer la démocratie[1].

En matière de voltefaces, de changements d'alliance et d'abandons, les Russes ne sont pas en reste de coups tordus, eux non plus, pour tenter au cours des soixante-quatorze ans d'existence de la « patrie des travailleurs » de faire tomber des pays dans l'escarcelle soviétique. Aujourd'hui encore, ils n'ont aucun état d'âme à avancer leurs pions *via* notamment la société militaire privée Wagner, profitant de la perte d'influence des anciennes puissances coloniales, notoirement la France. Leur Vietnam à eux s'appelle Afghanistan.

M'étant souvent rendu dans ce pays, j'ai souvent été surpris que les Afghans semblent n'éprouver aucun ressentiment à l'égard des Russes. J'ignore pourquoi. Un million d'Afghans ont été tués au cours de cette occupation. Il faut croire que les plaies se sont cicatrisées. Il sera intéressant de voir comment, dans vingt ans, ils se souviendront des Américains qui viennent à peine de se retirer du pays.

*

S'ils disposaient comme leurs adversaires américains d'un empire, de la bombe atomique et d'un égal appétit pour mettre les pieds dans l'espace, les Russes n'ont jamais eu leur puissance de feu culturelle. Même armés par l'idéologie socialiste avec sa propagande grandiose, celle-ci a vite dépéri dans son face-à-face avec la réalité. Le peuple s'est mis à ne plus croire à une imagerie censée chanter sa gloire. « Les faits sont têtus », disait Lénine. Aujourd'hui encore,

---

1. CAIRN, « Les États-Unis en Irak : les errances du "regime change" », par Alexandra de Hoop Scheffer, *in* : *Politique étrangère 2011/3* (Automne), pp. 559-572, https://www.cairn.info/revue-politique-etrangere-2011-3.htm.

les Russes ne croient pas le pouvoir. Obéissant à une vieille habitude héritée du communisme, ils font semblant.

Les cinéastes russes comme Sergueï Eisenstein, considéré comme « le père du montage », ont certes marqué de leur empreinte l'histoire du grand écran, mais jamais Moscou n'a rivalisé avec Washington lorsqu'il s'est agi de mettre en scène la réalité. Les Américains, au contraire, ont toujours parfaitement maîtrisé ce nouvel outil jusqu'à parvenir changer le Vietnam en victoire. *Apocalypse Now*, *Platoon* et *Full Metal Jacket* montrent la face obscure de la guerre mais, en dehors du premier, ne remettent pas en cause ses fondements. Le culte de la force et le charisme du héros permettent d'inverser le rapport au conflit en occultant ses causes.

*

Dans ce jeu de dupe, l'essentiel est de conserver les orientations de la propagande de guerre en présentant l'ennemi comme abject de bout en bout.

Souvenez-vous de la séance de roulette russe de *Voyage au bout de l'enfer*. L'adversaire est capable des pires horreurs. Il attaque toujours en plus grand nombre que le camp du héros. Au final, il est indiscutable qu'un Américain vend chèrement sa peau et qu'il se bat pour le Bien. Peu importe qu'il s'agisse d'une guerre aux motivations douteuses.

Dernier exemple de ce tour de force : *La Chute du Faucon Noir*. Ridley Scott, son réalisateur, s'attaque à un autre désastre de la politique étrangère américaine, l'intervention en 1993 en Somalie quand Bill Clinton est président. Sous le commandement d'un général gonflé à la testostérone et mâchant sans arrêt du *chewing-gum*, la quintessence des forces spéciales et des troupes d'élite américaines se jette tout cru sous la mitraille de la milice du seigneur de guerre somalien Aidid, en plein cœur de Mogadiscio. D'une opération mal préparée, qui aurait dû valoir à son stratège la cour martiale, le réalisateur parvient à inverser causes et conséquences pour faire de ce film un concentré de bravoure et d'héroïsme.

Dans cette promotion des valeurs américaines, le héros a une place de choix, même quand celui-ci est mal en point. Dans cette iconographie héroïque, prenons l'exemple de Rambo dont la caricature s'est imposée chez nous grâce aux Guignols de l'Info avec la World Company de Monsieur Sylvestre, pour croquer l'Oncle Sam dans sa rusticité. Dans le film, Rambo est un semi-clochard, un vétéran ignoré par le public depuis son retour du front où il a servi comme Béret Vert. Il se révolte parce qu'il se sent agressé par un sheriff qui le traite comme un vagabond et le jette en prison. Il échappe ensuite aux policiers grâce à des techniques de survie apprises au Vietnam.

À travers le film, ce fait-divers devient une exaltation des valeurs américaines. Rambo est allé trop loin parce qu'il a subi le mépris et qu'on l'a jeté injustement en prison. Un colonel qui l'a formé et connaît sa force est là pour en témoigner. Rambo incarne l'usage de la force pour le Bien. À la fin du premier film, après un ouragan de feu, Rambo se rend aux autorités, et tout se termine bien.

*

La force des *scenarii* hollywoodiens et des moyens de diffusion qui vont avec ont entraîné la disparition de Stalingrad. Seul demeure le Débarquement. Le rouleau compresseur de la culture américaine a ensuite contaminé la profession journalistique. La réalité est en théorie plus intéressante que la fiction. Les journalistes en sont les metteurs en scène. Pas toujours simple cependant de vouloir appliquer la dialectique du Bien et du Mal à une profession dont la fonction première est de s'attacher au réel et d'en rendre compte. Et c'est là qu'entrent en jeu l'émotion, la morale, et que le monde se transforme en une gigantesque pièce de théâtre.

13.
L'étiquette arménienne

Les Russes ont un rapport particulier à la Seconde Guerre mondiale. C'est peut-être pour cela, en raison de l'ampleur des destructions et des quelques vingt millions de morts que, même en pleine paix, ce peuple conserve un profond sens du tragique. Et l'homme de la rue connaît très bien son histoire.

Cette référence n'est pas qu'une obsession poutinienne. En revanche, depuis le 24 février dernier et l'annonce par le président russe de l'« opération spéciale », je me suis, comme tout le monde, interrogé sur son obstination à annoncer une dénazification et une démilitarisation de l'Ukraine comme justification de l'intervention. L'argument de l'avancée de l'OTAN à l'Est aurait été plus acceptable. Après tout, même Georges Keenan, le diplomate américain à l'origine, après 1945, de la doctrine du *containment*, c'est-à-dire de l'ensemble des mesures visant à contrer l'expansionnisme soviétique au cours de la guerre froide, l'a qualifiée d'« erreur fatale »[1].

Poutine a souvent utilisé cet argument. Depuis l'an 2000 et son accession au pouvoir, il a mis en garde l'OTAN à Munich, en 2007, à Budapest, en 2009, ou plus récemment devant le président Macron

---

1. *The New York Times*, "A fateful error", par George Keenan, 5 février 1997, https://www. nytimes.com/1997/02/05/opinion/a-fateful-error.html. Traduction disponible : https://www. les-crises.fr/l-elargissement-de-l-otan-une-erreur-fatale-george-kennan-05-02-1997/.

à la veille du conflit. Depuis la chute de l'URSS en 1991, la Russie a perçu ce rapprochement de l'OTAN de ses frontières comme une menace existentielle. L'Ukraine aura servi de ligne rouge. Mais alors pourquoi les nazis ? Les Ukrainiens sont-ils vraiment leurs fils spirituels ? Le bataillon Azov est-il la réincarnation des Panzer divisions de Kurt Meyer, le conquérant de Marioupol pour le compte de Hitler ? Existe-t-il vraiment deux visions du monde qui s'affrontent en Ukraine, l'une démocratique, incarnée par le président Zelensky et porteuse des valeurs européennes comme le dit Emmanuel Macron, l'autre impérialiste, despotique, barbare, incarnée par Vladimir Poutine comme l'affirment à peu près tous les invités de la chaîné d'infos en continu LCI ?

J'ai toujours pensé que, devant un événement majeur, et quelles qu'en soient les conséquences pour le reste du monde, il vaut mieux aller sur place pour se rendre compte par soi-même. Je suis de la vieille école, celle du terrain. Je crois dur comme fer que, en allant quelque part, on ne sait pas tout mais on en sait toujours un peu plus qu'en n'y allant pas. Après trois mois au chômage, je venais de rejoindre, en tant que directeur de la rédaction et grand *reporter*, la rédaction d'Omerta, un nouveau média digital de documentaires et d'investigations. Journaliste de l'écrit et des images fixes, je venais de faire mon entrée dans l'ère digitale. Chez Omerta, je travaille avec des journalistes et des monteurs moitié moins âgés que moi.

Quel choc stimulant !

À *Paris Match*, j'ai longtemps été le petit jeune. Cette fois, je suis le plus vieux. Mon travail est un vrai défi, mais il correspond à la manière dont j'aurais voulu faire évoluer *Paris Match* vers le documentaire filmé. J'y applique les critères d'exigence journalistique auxquels j'ai toujours cru. Et je continue plus que jamais à voyager.

Fin août 2022, j'ai donc repris mon sac à dos, pour m'envoler vers Moscou *via* Istanbul.

*

La route que j'emprunte depuis Moscou pour descendre jusqu'au Donbass et au-delà vers la Crimée et Kherson, correspond à peu de choses près à la délimitation de l'avancée *maximum* des Allemands lors de la Seconde Guerre mondiale. En regardant ces forêts immenses, ces terres labourées à perte de vue, comment ne pas penser aux batailles titanesques qui s'y sont déroulées ?

La ville de Voronej me rappelle *Le Soldat oublié*[1]. C'est l'histoire autobiographique d'un jeune « malgré-nous » alsacien, enrôlé au sein de l'armée allemande. J'étais jeune quand je l'ai lu, mais je me souviens que l'auteur décrivait de façon saisissante l'atroce réalité du front de l'Est. Dans ces champs, autour de nous, sont tombés une bonne partie des quelques vingt millions d'âmes soviétiques. Quand, au détour de la route, un monument héroïque apparaît, auréolant une de ces figures furieuses et glorieuses, le front plissé, une large épée à la main, il faut s'imaginer ce qu'elle représente pour les Russes. Eux ne la voient pas comme moi, comme le reste d'un passé révolu et d'une idéologie vaincue. Eux la voient comme l'incarnation d'une terre gorgée du sang des ancêtres. Ces histoires ont bercé leur enfance et la guerre d'aujourd'hui, je vais bientôt m'en rendre compte, en serait pour eux manière de prolongement.

La Wehrmacht est partie depuis longtemps. Toutefois, l'on ne saurait expliquer l'attitude des Russes aujourd'hui sans tenir compte

---

1. Guy Sajer. *Le Soldat oublié*, Robert Laffont, 1976

de ce moment de l'Histoire où, de leur souffrance infinie, dépendait le sort de l'humanité.

Cette fierté inoxydable figure-t-elle dans la pupille du chauffeur du premier camion du premier convoi que nous croisons et qui remonte du front du Donbass ? Pas sûr. C'est l'obéissance, surtout, le sentiment du devoir accompli au nom du chef Poutine qui montre la voie, comme le chef Staline la montrait autrefois. Car les Russes ont réussi l'exploit de mélanger leurs tsars, rouges et blancs, médiévaux et contemporains, dans une longue fresque qui nourrit leur mémoire.

Le monde musulman est obnubilé par l'au-delà, les Russes par l'Histoire, surtout sous ses formes les plus tragiques. En comparaison, je trouve que nous, Européens, sommes devenus trop attachés à un présent éphémère qui n'est peut-être pas un atout pour les siècles qui s'annoncent. Aujourd'hui, le canon gronde. Mais la guerre, serions-nous capables de la faire si elle s'invitait à nouveau chez nous ? C'est l'une des questions existentielles que l'invasion de l'Ukraine a déclenchées.

*

L'itinéraire que nous empruntons est le théâtre d'un ballet de camions qui semblent irriguer la Russie continuellement. Après six mois de guerre, civils et militaires s'imbriquent. Le V, le Z et le O barrent la peinture verte des camions Urak, qui restent les véhicules militaires standards dont la lignée remonte à l'époque soviétique. Les voitures les dépassent d'une façon assez anarchique. Le conducteur russe est loin d'être le meilleur conducteur du monde, ni le plus prudent. À mesure que le Donbass se rapproche, les convois chargés de munitions, de matériel logistique et de chars sortis d'usine se multiplient.

L'intensité de l'activité économique en Russie est surprenante en regard de ce qu'on nous dit en Europe. Au-delà des besoins liés à la guerre, la consommation n'a pas baissé dans le pays, ce qui me semble en contradiction avec les intentions des dirigeants européens et américains.

En visitant les centres commerciaux à Rostov-sur-le-Don ou à Krasnodar, villes dans lesquels nous faisons escale, je repense à la phrase du ministre français Bruno Le Maire qui voulait mettre l'économie russe à genoux[1]. De mon séjour à Berlin-Est quand j'avais quatorze ans, j'ai conservé l'idée qu'un pays frappé de pénurie est un pays où les gens font la queue devant les magasins. Ce n'est pas ce que je remarque en Russie, sept mois après le déclenchement des hostilités.

Quand les marques occidentales comme Adidas ou McDonald ont quitté la Russie en mars 2022, presque au début de la guerre, elles ont été remplacées par des franchises russes ou des enseignes chinoises. Auchan et Leroy Merlin ont choisi de rester. Les deux enseignes françaises, qui appartiennent au même groupe, se sont justifiées en invoquant les besoins des civils. Elles sont aujourd'hui montrées du doigt car leurs produits sont également transmis aux soldats russes sur le front. Avant de prendre la route pour l'Ukraine, j'ai visité Moscou City, un immense complexe constitué de centres commerciaux, de bureaux d'affaire et de boutiques de luxe situé au cœur de la capitale. Sur chaque boutique occupée autrefois par une marque occidentale, se trouve une devanture indiquant la réouverture prochaine d'une nouvelle enseigne.

Souvent, les *managements* locaux ont racheté la franchise. S'il n'y a presque plus de marques occidentales, certains produits continuent

---

1. BFMTV, « Bruno Le Maire : "Nous allons provoquer l'effondrement de l'économie russe" », 1er mars 2022.

d'être distribués sous des enseignes locales. Les marques de luxe et les *high techs* ont plié bagage, vite remplacées par les Chinoises. Les Turcs, eux, tirent des profits record, *via* la Turkish Airlines, de l'arrêt des vols commerciaux vers l'Europe (2 500 € pour un Paris-Moscou *via* Istanbul, contre 250 € pour un vol direct avant la guerre, même s'il n'était pas si simple de se rendre en Russie).

C'est par les frontières de la Turquie qu'ont été acheminées les nouvelles collections pour Tsoum, une sorte de Galeries Lafayette moscovite. Le coût supplémentaire est atténué par la force du rouble. Le consommateur n'y voit que du feu. L'exemple le plus frappant pour moi restera celui de ce Coca-Cola, dégusté dans un restaurant géorgien près de la place Rouge. Je n'en croyais pas mes yeux quand le serveur est arrivé avec une bouteille authentique de la plus célèbre marque de soda américaine. En l'observant d'un peu plus près, j'ai remarqué que l'étiquette était en arménien. De cet épisode banal, je ne tire aucune généralité. Il laisse entendre simplement qu'il est impossible d'arrêter le flot du commerce mondial.

Je ne suis pas le seul à l'avoir constaté puisque la grande *reporter* Anne Nivat expliquait sur LCI, le 23 décembre 2022, à son retour de Russie, que « les Russes vivent absolument normalement, comme si de rien n'était. Je n'ai vu aucune différence avec mes précédents voyages. » Les sanctions touchent la Russie, c'est certain, mais, par rapport à la phrase de Bruno Le Maire, on est très loin du compte. Dans le même temps, nos pays souffrent également de la crise énergétique et alimentaire liée pour partie au conflit.

14.
Le passeport et la mort

Je m'étais imaginé que je trouverais une tension extrême à proximité de la guerre. Il n'en est rien.

À Rostov, Krasnodar ou Simféropol en Crimée, la vie s'écoule comme si elle n'existait pas, à l'exception des convois militaires que j'ai évoqués. Ainsi, j'observe des policiers qui traquent les excès de vitesse à l'aide d'un radar, comme un banal vendredi soir sur l'A13. Nous circulons sur des routes rectilignes qui traversent une campagne verdoyante faite de terres à blé et de vergers, où des travailleurs géorgiens et locaux vendent leurs fruits dans de petites échoppes en bois que l'on trouve tous les 500 m. Pêche, melon jaune, raisin, et bientôt la pastèque que l'on retrouvera à Kherson, dont elle est le fruit fétiche. Cette région qui borde la Crimée regorge aussi de raffineries. Sur les stations-service, la bannière de Gazprom affiche des prix insolents. Les Russes payent toujours leur essence deux fois moins cher que nous...

Le passage du pont de Crimée se fait sans aucun contrôle. Ce détail n'est pas sans importance. Il explique pourquoi, quelques semaines plus tard, un camion bourré d'explosifs explosera au beau milieu du pont, prouvant que les Ukrainiens peuvent frapper hors de leur territoire. C'est un sérieux revers pour Vladimir Poutine. Le trafic par la route et par le rail est alors interrompu, causant pour un temps des problèmes logistiques pour les troupes russes présentes dans le Sud de l'Ukraine.

Marquer des points dans une guerre, c'est aussi frapper l'adversaire à des endroits auxquels il n'a pas pensé. Les Ukrainiens ont été malins. Ils ont frappé juste. Il faut dire que ce pont était un des projets phare de Vladimir Poutine, la marque la plus visible de sa volonté d'annexion de la Crimée. Construit en 2016, il réunit la mer d'Azov et la mer Noire. Poutine ne s'est pas contenté de construire un pont à Kertch reliant la péninsule à la mère Russie. Il a aussi réhabilité toutes les routes de Crimée. Avant cela, en dehors du port militaire de Sébastopol, résidence de la flotte de la mer Noire, la région était un lieu de villégiature pour jeunes fêtards et touristes sans le sou. Un panneau indiquant la direction de Yalta nous rappelle que, sous la férule de Staline, la Russie était autrefois un allié de l'Occident. C'est curieux de se dire que c'est à cet endroit que le sort du monde a été scellé pour soixante-dix ans.

*

À la radio, aucune allusion à l'opération spéciale. L'info du jour : le placement des boissons alcoolisées dans la catégorie des produits dangereux, au même titre que la cigarette. Une petite allusion au conflit se glisse dans la bouche du présentateur lorsque celui-ci annonce que la Maison Blanche refuse de qualifier la Russie d'État terroriste.

C'est tout.

L'info n'est pas commentée. Et ça repart avec une techno lourde et percutante. La radio passe aussi de la *pop* américaine mais, bizarrement, presque aucune variété russe.

À notre hôtel à Simféropol, certains signes ne trompent pas. Sur la porte de l'ascenseur, un message enjoint aux clients de ne pas paniquer pendant les alarmes qui seront déclenchées en cas de bombardement. La ville de Rostov a subi des tirs de missiles mais, en Crimée, hormis des sites militaires et des dépôts de munition et d'essence, aucune infrastructure civile n'a été visée.

Nous sommes descendus à l'hôtel Moscou, un établissement à l'ancienne dont la déco reprend faucilles et marteaux à tous les étages. Dans le *hall*, une hôtesse blonde et pâlichonne nous accueille sous un logo d'Aeroflot, tandis qu'un type en costume sombre assis à un bureau et occupé à des tâches mystérieuses, fume des cigarettes. C'est là que, grâce au *wifi*, j'apprends la mort de Michael Gorbatchev. Il est mort la veille, le 30 août 2022. À la radio, personne n'en parle. Ce silence en dit long. Une partie des Russes accorde un certain crédit au dernier tsar rouge ; une autre, peut-être plus large, le considère comme un traître, l'accusant d'avoir provoqué le déclin de la Russie dans les années 1990 et sa descente aux enfers.

Gorbi plaisait davantage en Occident que dans son propre pays. Nul n'est prophète en son pays, sauf peut-être Pelé au Brésil ou Jean-Paul II en Pologne. Poutine sait ça parfaitement. Il a choisi de snober l'enterrement de Mikhail, s'en tenant à l'hommage minimal.

Pendant les cérémonies, nous recevons des nouvelles de notre contact. Rendez-vous est pris pour le lendemain en vue de passer l'ancienne frontière de l'Ukraine. J'ai du mal à m'endormir car l'étoile rouge qui se dresse dehors clignote et donne directement sur ma chambre. Mon sommeil sera bercé par cet éclairage d'un autre temps.

*

Il est dix heures quand nous arrivons à Djankoï, la dernière ville de Crimée, située à une centaine de kilomètres au Nord. Au bord du chemin, après avoir traversé les ruines des bâtiments qui, jusqu'au

24 février, servaient de poste-frontière entre la Crimée annexée et l'Ukraine, on aperçoit sur une grande affiche. Deux gamines tout sourire, en robe blanche avec des fleurs dans les cheveux, sautent en l'air comme si elles jouaient à la marelle. « Enfin ! De nouveau en Russie ! » est-il écrit. Nous sommes les premiers journalistes occidentaux à nous rendre dans l'oblast de Kherson, conquis au début de la guerre. Nous longeons la mer d'Azov. Par moments, ses rivages salins ont des reflets roses qui en font un paysage tropical. Cependant, l'impression de paradis est dissipée par le spectacle de friches industrielles ou d'usines à l'abandon.

Nous avons rendez-vous à la mairie de la ville de Heninches'k. Lena Aleksandrovna, la nouvelle responsable du district nous y attend. Cette mère de famille travaillait dans l'administration de la ville à l'époque ukrainienne. Depuis l'arrivée des Russes, elle a pris du galon. Elle nous fait visiter l'école. Pour l'accompagner, le vice-gouverneur de Kherson s'est déplacé. Visages cagoulés et fusils automatiques à silencieux, ses gardes du corps ressemblent à des forces spéciales. C'est dérangeant de voir des guerriers en armes arpenter les allées d'une petite école au milieu d'enfants blonds en chemises blanches.

Kyrill Stremousov est menacé. Il a été visé par un attentat le mois dernier. Depuis l'invasion russe, c'est le lot régulier de ceux que la résistance ukrainienne considère comme des collaborateurs. Celle-ci peut frapper n'importe où, n'importe quand, même ici, à plus de 200 kilomètres du front. Léna me présente Galka Mikhalovna, la directrice école, elle aussi une locale

— L'ukrainien n'était pas la langue des gens, explique la directrice. On nous forçait à l'utiliser pour enseigner, alors que le russe était facultatif. C'était absurde. Les enfants parlaient russe dans la cour de récréation.

Elle a pris son poste le 1er août. Avant, elle travaillait comme institutrice. À part la langue, qu'est-ce que l'arrivée des Russes a changé concrètement ?

— La nourriture est gratuite, répond-elle. Nous avons reçu de nouveaux ordinateurs. La Russie nous finance. Avant, cela prenait des années pour obtenir quelque chose. Cet été, nous avons pu envoyer 400 enfants en vacances près de Krasnodar, dans la Fédération de Russie.

Elle se garde bien d'ajouter que les manuels scolaires aussi ont changé. Un coup d'œil à ceux du secondaire permet de constater que la version russe d'Holodomor, la grande famine du début des années 1930 perpétrée par Staline, a remplacé le récit ukrainien de l'événement. Les précédents manuels n'ont pas été détruits mais remisés au placard. Il faut demander pour les consulter. Cette tragédie fondatrice de la mémoire des Ukrainiens est désormais noyée dans l'histoire de la Russie. « Les Russes et les Ukrainiens sont un seul et même peuple » disent les affiches placardées dans toute l'école. C'est du Vladimir Poutine dans le texte.

Encouragés par Kirill Stremousov, les enfants scandent des phrases apprises par cœur. Constatant notre manque d'intérêt pour cette liesse artificielle, le vice-gouverneur n'insiste pas. Il préfère raconter sa vie d'aventurier. Il dit avoir vécu en Allemagne, en Pologne, en Amérique du Sud et même aux États-Unis pendant trois ans. Il raconte ses virées à moto au Mexique, lorsqu'il vivait à Los Angeles. Nous échangeons en espagnol, la langue de Che Guevara, son idole.

Le vice-gouverneur est né dans le Donbass, au sein d'une famille pauvre. Au cours de sa carrière, il a toujours cherché à attirer la lumière, que ce soit en faisant la promotion de régimes alimentaires à base d'argile ou en militant au parti socialiste ukrainien. Il a un goût prononcé pour la bagarre et s'est distingué un jour en déclenchant une fusillade dans les locaux du journal *Novy Den*. Il est aussi adepte des sports de combat et, comme de nombreux Russes, de la chasse et des activités en plein air. Il coche toutes les cases de la geste poutinienne. Opportuniste, Kirill Stremousov aura profité de l'opération spéciale pour se faire bombarder vice-gouverneur de Kherson. Il est devenu une des figures les plus visibles de l'opération spéciale. Certains médias occidentaux racontaient qu'il avait fui la ville avec l'offensive ukrainienne. Visiblement, il n'en est rien.

Il est attendu de pied ferme sur la place d'un village par une cinquantaine de paysans et leurs familles. Le jour touche à sa fin. L'ambiance est électrique. Un homme interpelle le dirigeant dès sa descente de voiture.

— Et le référendum du 11 septembre ? Que s'est-il passé ?

— Nous n'avions jamais confirmé cette date, assure-t-il. À cause de l'offensive ukrainienne, nous n'avons pas été en mesure d'organiser le vote. Il aura peut-être lieu au mois de novembre, quand on aura repoussé les Ukrainiens. On en a éliminé plus de 3 000 dans les combats [chiffre invérifiable]. Ils ont envoyé des gamins mourir. On s'est retirés de quelques villages pour mieux les écraser avec notre artillerie.

La foule écoute en silence. Le vice-gouverneur poursuit sa harangue, paumes ouvertes et geste larges. On croirait Lénine face au peuple.

— On a séparé les familles slaves, leur dit-il. On a dit que les Russes étaient les ennemis des Ukrainiens. Beaucoup d'entre vous sont partis en Europe en s'imaginant qu'il y avait un avenir là-bas. Il n'y en a pas. L'avenir est ici. Alors, mettez-vous au travail ! Faites des enfants !

Un homme brandit alors son passeport russe.

— Mes filles ne l'ont pas encore reçu, proteste-t-il. On le leur a promis.

Moscou encourage les habitants des territoires conquis à demander la nationalité. L'Ukraine était un pays pauvre. L'aide sociale avait du mal à être acheminée jusque dans des endroits reculés comme celui-ci. Certains habitants s'imaginent que, avec un passeport, la Russie leur garantira cette aide. Ce serait en quelque sorte le retour de l'État-providence, comme du temps de l'Union soviétique dont les anciens conservent une nostalgie tenace.

— Patience ! répond Kirill Stremousov. Le mien non plus n'est pas arrivé.

Malgré son zèle à défendre Moscou, le vice-gouverneur n'a toujours qu'un seul passeport, et il est ukrainien. Il finira par le recevoir le 28 septembre, un peu plus d'un mois avant sa mort.

15.
La vieille dame et la guerre

Au réveil, la voix de Poutine résonne à la radio *via* le haut-parleur de l'ancien camp de vacances dans lequel nous avons dormi. On se croirait dans le *remake* d'un vieux film de propagande.

Nous prenons la direction de Kherson à travers des routes cabossées par les chenilles des blindés qui les ont empruntées au cours des six derniers mois. Le Toyota Land Cruiser 200 du vice-gouverneur ouvre la marche. Un 4X4 blindé le serre étroitement, roulant au milieu de la route pour être vu de loin et dissuader un éventuel véhicule de doubler. Derrière, nous tâchons de nous maintenir à distance raisonnable de cet attelage très repérable.

Dans les villages, les Russes n'ont pas encore eu le temps de coller leurs affiches. La bannière bleue et jaune de l'Ukraine survit à l'occupant. Elle pavoise les abribus le long de la route. Les carcasses de blindés sont de plus en plus nombreuses, témoignant de la férocité des combats qui ont jalonné l'avancée des Russes. Les camions militaires n'ont pas déserté les routes, au contraire. On croise deux portes-chars qui rapatrient des blindés très amochés. L'un d'eux a perdu ses chenilles. Bientôt ce sont des BMP, chargés du transport de troupes, et des camions-citernes qui nous dépassent et filent vers le front.

Par moments, le décor change d'un coup et nous ramène à un passé tout proche. La campagne redevient un pays en paix avec des cuves de gaz et des silos à grains étincelants, des rangées de serres intactes, des moissonneuses-batteuses et des paysans au travail dans les champs. La guerre nous rattrape aux abords de la ville de Nova Kakhovka. Les soldats sont partout, camouflés avec leurs véhicules dans les forêts de pins qui entourent la ville. Même dans une guerre moderne, la végétation reste l'endroit idéal pour ne pas être repéré. C'est sous les arbres que se réunissaient les talibans pour échapper aux drones américains. C'est aussi dans les zones vertes que les djihadistes au Sahel échappaient aux soldats français.

En ville, on croise des militaires par petits groupes, sacs plastique à la main. Ils font leurs courses au marché. Pour eux, la nuit a été longue. Les Ukrainiens ont progressé sur le front Nord. Nova Kakhovka est un verrou. Si les Ukrainiens le font sauter, ils auront reconquis Kherson ou en seront proches. Nous assistons au début de la retraite des Russes sans encore en imaginer l'ampleur.

Au premier étage d'un palais monumental qui remonte à l'époque tsariste, nous sommes accueillis par Vladimir Leontiev, le chef de l'administration nommé par Moscou. Son bureau donne sur une imposante statue de Lénine. Ici, le temps n'a pas de prise. Ce fonctionnaire parle un anglais impeccable, mais il a à peine le temps de prononcer deux phrases qu'un mortier s'abat. L'obus est tombé sur le barrage qui domine le Dniepr. Un imposant panache de fumée en témoigne. Ce barrage est sous les feux de l'actualité. Les Ukrainiens accusent les Russes d'envisager de le dynamiter s'ils quittent la ville de Kherson. La destruction du barrage aurait pour conséquences de noyer sous les eaux les territoires en aval du fleuve. Elle provoquerait aussi des inondations en Crimée. Au moment où nous nous y trouvons, c'est en tout cas un obus ukrainien qui l'a atteint.

Ce barrage est emblématique d'une série d'ouvrages d'une grande importance stratégique et qui sont l'objet d'une propagande grossière depuis le début de la guerre. Il y a d'abord eu la centrale de Zaporijjia où nous nous rendrons dans quelques jours. Les deux armées s'y affrontent à coup d'obus laissant craindre le spectre d'une contamination ou, pire, d'une catastrophe nucléaire. Puis le *pipeline* Nord Stream, chargé d'approvisionner l'Allemagne en gaz, a été détruit en mer Baltique. À ce jour, on ignore l'origine de l'explosion. Le *New York* Times la qualifie de « mystère ». Le journaliste d'investigation Seymour Hersh accuse directement les Américains. Le *Washington Post* concluait récemment qu'il y avait peu de chance que ce fût l'œuvre des Russes. Il y a eu aussi le pont de Crimée, touché mais pas coulé. Là aussi, certains avaient imaginé que Poutine avait voulu détruire son propre pont...

Chaque camp rivalise pour prouver que l'adversaire est la pire des créatures car il vise des infrastructures civiles. Le problème, c'est que, en France, nous n'entendons que la voix des Ukrainiens. En Russie, pourtant, certains « ultras » n'ont rien à leur envier dans l'excès et rêvent d'un retour du NKVD, la police politique sous Staline. Face aux revers que subit en ce mois de septembre l'armée russe, ils suggèrent à Poutine de traiter chaque soldat qui recule à la façon de Staline pendant la Seconde Guerre mondiale : d'une balle dans la tête.

*

L'administrateur de Nova Kakhovka nous conduit dans un centre commercial détruit par le souffle de l'explosion de silos d'engrais situés autour. À l'écouter, les Ukrainiens ne viseraient que les infrastructures civiles. Il n'a pas entièrement tort pour ce qui concerne les zones industrielles et le marché de la ville. Dans un magasin de jouets éventré, les peluches sont mêlées aux gravats en un mélange d'innocence brisée et d'horreur froide. Mais, en arrivant à Nova Kakhovka, j'ai pu observer des véhicules blindés, barrés du Z en peinture blanche, dont les équipages bivouaquaient à proximité de maisons encore habitées. Par leur présence, ces soldats ne mettent-ils pas aussi en péril la vie des habitants ?

Au centre où est collectée l'aide humanitaire, Kirill Stremousov fait le malin devant des sacs de farine arrivés tout droit de Volgograd, le nom actuel de Stalingrad.

— C'est de la coke, affirme-t-il. On va l'envoyer à Zelensky !

Le temps d'avaler un café, et nous repartons en direction de Kherson. Les grondements sourds de départs de mortiers résonnent. Cette fois-ci, c'est du russe. Peut-être ont-ils commencé à « traiter » à l'artillerie les positions ukrainiennes près du fleuve, comme ils l'ont annoncé. Nous ne sommes pas conviés à la fête. Le vice-gouverneur est trop occupé à trouver un itinéraire sécurisé. Kirill Stremousov vit à la merci d'une dénonciation qui pourrait provoquer une frappe sur son véhicule. Et le moins que l'on puisse dire, c'est que, partout où il se déplace, il n'est pas très discret...

Nous nous éloignons de Nova Kakhovka pour nous retrouver au milieu d'une épaisse forêt de pins qui comporte des traces d'incendies. Ils ont été déclenchés non pas par des mégots de vacanciers, des promoteurs immobiliers indélicats ou des pompiers pyromanes, comme chez nous, mais en raison des combats. Plusieurs fois, nous opérons des demi-tours, jusqu'à dénicher un chemin en terre au bout d'une zone résidentielle. Au milieu d'une ligne d'arbres, la voiture de Stremousov crève. Ses hommes tentent de regonfler le pneu à l'aide d'un compresseur, mais ils doivent se résoudre à sortir le cric pour changer la roue. Le vice-gouverneur en profite pour tomber la veste. Je remarque qu'il porte un holster noir doté d'un Glock sanglé sur sa chemise blanche. Et ce n'est pas tout. Il a sorti son pistolet mitrailleur de type Gaina. Alors qu'il se dégourdit les jambes, armé et jovial, avec ses gardes du corps autour de lui, je me dis que, si la guerre s'arrête, une carrière l'attend à Hollywood. Il ferait un tabac dans ces rôles de méchants charismatiques, drôles et cruels, que le héros finit par tuer à la fin, après un duel épique.

*

Nous roulons à vive allure vers le Sud, en suivant de loin le Dniepr. Dans les faubourgs de Kherson, la carcasse d'un camion radar de défense antiaérienne n'a pas encore été déblayée. Sa destruction est sûrement l'œuvre des nouveaux missiles air-sol fournis par les Américains. Ces AGM-88 HARM sont capables de détecter les radars ennemis même lorsque ceux-ci sont éteints.

Au bout d'une ligne droite apparaît le pont Antonovski, une structure datant de l'ère soviétique. Tout allait bien pour lui jusqu'à la fin du mois de juillet, quand une pluie de missiles l'a rendu hors d'usage après que l'ont frappé des M142 HIMARS, également livrés par les Américains. En partie grâce à eux, les Ukrainiens volent de victoire en victoire. L'effet des armes livrées par l'OTAN commence à se ressentir sur le champ de bataille.

D'autant que la logistique est le talon d'Achille de l'armée russe. Elle est lente, et ses camions Oural sont très visibles. Ses carences technologiques, surtout sur le matériel de moyenne portée, sont criantes. Dans le même temps, les Ukrainiens sont de plus en plus performants grâce à leur formation et à l'arsenal dernier cri de l'OTAN dont ils bénéficient presque à volonté. Les Russes compensent par la quantité d'armes qu'ils possèdent et qui leur permet de rétablir l'équilibre. Mais pour combien de temps ?

Avec le pont Antonovski hors d'usage, le génie de l'armée russe a pu relever le défi, en fournissant des barges poussées par de petits remorqueurs sur lesquelles s'entassent camions de marchandise et véhicules civils et militaires pour traverser le Dniepr. Nous le franchissons sur l'une d'elles. Sur l'autre berge, ça saute tout de suite à l'œil, Kherson est l'objet d'une campagne massive de publicité vantant le « retour à la mère patrie ». Certaines affiches ont reçu des jets de peinture. Partout en ville, on sent une tension. On se souvient des manifestations à l'arrivée des Russes au cours desquelles des habitants tentaient de repousser les chars à mains nues. Près des deux tiers de la population ont fui, ce que les Russes ont autorisé : ça fait ça de moins à gérer. Ceux qui sont restés subissent les pénuries.

Notre hôtel est le seul ouvert. Nous en sommes les seuls clients. En réalité, ce n'est plus un hôtel mais l'unique point d'approvisionnement en eau du quartier. Au matin, des personnes, âgées pour la plupart, attendent devant la réception avec leurs bidons à la main. Depuis la fenêtre de ma chambre, je les aperçois. Je remarque aussi une vieille dame qui se tient immobile au milieu du trottoir le long d'un immeuble. Elle s'est agrippée à un poteau de signalisation pour reprendre son souffle. Elle semble perdue. Au coup d'œil suivant, elle a progressé au prix d'un effort colossal car elle a dû s'asseoir sur un banc. Ses jambes sont boudinées. Son visage blanc. Elle est seule. Je la regarde qui se redresse, chancèle presque. Si elle venait à tomber, je courrais dans la rue la relever. Elle ne tombe pas. Elle poursuit son chemin, son panier à la main. Elle doit accomplir ce trajet tous les jours.

« Un peuple abonné au malheur » : les mots de Noël Quidu me reviennent. Cette femme incarne la guerre. Chaque jour achevé est pour elle un trophée remporté à la grande loterie de la vie. Elle est ce qu'il reste quand il ne reste rien – la survie dans l'abandon.

Un dernier coup d'œil par la fenêtre. La femme a disparu. Depuis, dès qu'on parle de Kherson, je me demande ce que cette femme est devenue, ou simplement si elle est encore en vie. A-t-elle accompagné les habitants lors de l'évacuation décidée par les Russes ? Vit-elle aujourd'hui encore dans la ville reconquise par l'Ukraine ?

16.
Les mots doux

Ce matin, nous visitons le marché. Les étals sont clairsemés, les pénuries patentes. En revanche, les alentours sont l'objet d'une véritable effervescence. Le marché noir a cours. On peut y acheter à peu près tous les produits de contrebande. Les autorités russes tolèrent cette activité. Ils ne s'opposent pas non plus à l'usage du hryvnia, la monnaie ukrainienne, dans les échanges. Il n'y a pas assez de roubles en circulation.

Nous faisons le plein dans une station-service de Kherson. Après quoi, il nous faut emprunter pendant une heure des chemins grêlés de nids de poules et d'ornières afin de gagner Snihurivka. Ce petit village est situé à 800 m de la ligne de front, largement à portée de l'artillerie. Preuve en est l'impression de désolation qui domine à notre arrivée. Ici, nous sommes dans l'oblast de Nikolaïev, à moins de quinze kilomètres de cette ville située à l'Ouest de Kherson et sur laquelle les Russes se sont cassé les dents. Je repense à Max, le volontaire français que j'avais accompagné en mars. La vidéo qu'il m'avait transmise et où on le voyait avec un RPG à la main a été filmée sur le front de Nikolaïev. Si ça se trouve, il est tout près d'ici, en embuscade dans un de ces chemins boueux que j'aperçois au loin, ou bien occupé à bivouaquer près de cette ligne de peupliers qui plient au loin dans le vent. Il restera toujours une différence entre Max et moi. Il a choisi son camp. Moi, mon métier me l'interdit. Il reste que le hasard nous a placés ce jour dans deux camps qui se font face.

La contre-offensive ukrainienne a démarré à Snihurivka, mais il n'y a pas eu de percée comme à d'autres endroits du front. Je demande à un de nos accompagnateurs pourquoi, selon lui, les Russes connaissent tant de difficultés.

— Par rapport à 2014, il y a beaucoup plus de pro-Ukrainiens qui détestent les Russes, reconnait-il avec une honnêteté qui me surprend.

Il admet aussi que les agents sur le terrain n'ont pas osé rapporter à Poutine la dégradation du sentiment pro-russe. L'hostilité s'est encore aggravée avec le déclenchement de l'opération spéciale. Des Ukrainiens jusqu'alors restés neutres se sont rangés derrière Kiev par réflexe patriotique ou par crainte des représailles. S'ajoutent à cela des erreurs militaires. Elles sont légion et proviennent d'un mélange de mentalité slave et de vieux restes d'esprit bolchévique. Manque d'anticipation et de réaction, peur du chef couplée à la suspicion du subalterne... Tout cela est préjudiciable en temps de guerre, quand la prise de décision et l'audace sont déterminantes. Le premier ennemi de la Russie, ce n'est pas l'OTAN, c'est sa bureaucratie.

L'autre camp souffre très certainement de symptômes similaires, car le moule est le même. Les Américains ont dû s'arracher les cheveux à former les Ukrainiens, même si ceux-ci ont progressé, ce qui leur a permis de reprendre l'initiative. J'aborde la question de la mauvaise communication des Russes.

— Nous avons tué beaucoup d'Ukrainiens grâce à l'artillerie et à l'aviation, ces derniers jours, m'affirme mon interlocuteur alors que je n'ai pas vu un seul avion dans le ciel, seulement quelques hélicoptères. Nous préparons secrètement notre offensive. Pas comme les Ukrainiens qui l'annoncent à l'avance. Nous, on ne communique pas.

Un peu plus tard, avec la même franchise, il m'avouera, avoir cru au début que l'armée russe était plus forte avant de se rendre compte qu'elle n'était pas assez préparée. Ceux qui ont choisi le camp des Russes comme lui se rassurent en répétant que « les choses sérieuses n'ont pas encore commencé ». Poutine l'a dit plusieurs fois. En 1945, les partisans d'Hitler croyaient aussi dur comme fer à l'arrivée imminente d'« armes secrètes » qui allaient bouleverser le cours de la guerre. Grosse différence cependant avec l'Allemagne, la Russie de 2022 n'est pas acculée. Mieux, on s'en rendra compte, elle est capable d'apprendre de ses erreurs.

*

La voiture du vice-gouverneur est à l'arrêt devant une succession de maisons détruites. Si les drones venaient à repérer le convoi, devinant qu'il y a là une personnalité russe, les Ukrainiens pourraient ordonner une frappe. Que le panneau « Presse » figure en évidence sur le pare-brise de notre voiture ne changera rien à notre sort.

Nous avons pris soin aussi de masquer nos plaques russes à l'aide de scotch noir. Mais ça, c'est pour Kherson, tout à l'heure. En effet, en ville, toute voiture avec une immatriculation russe est susceptible d'être plastiquée. Kirill Stremousov change en permanence d'itinéraire à cause des informateurs qui renseignent les Ukrainiens. Il ne reste jamais plus de vingt minutes au même endroit. Dès l'annonce de l'offensive pour reprendre Kherson, des affiches comportant sa photo et son adresse sont apparues en ville avec des mots doux comme : « Mon petit Kirill, ça ne serait pas ton adresse ? Nous venons pour ta tête. »

Il s'est taillé de solides inimitiés parmi les élites intellectuelles aujourd'hui en exil. Mais la résistance ukrainienne, elle, n'est pas partie. Elle est même une tradition en Ukraine. Pendant la Seconde Guerre mondiale, les nationalistes de Stepan Bandera, alors alliés aux Allemands, étaient allés jusqu'à éliminer un général soviétique dans une embuscade. Après la guerre, ils ont assassiné un ministre polonais. Kirill Stremousov parle tout le temps de Bandera et des nazis, qu'il associe au camp d'en face. Il cherche à exorciser ses propres peurs, et pour cause ! Dmitriy Savluchenko, un de ses proches, responsable du sport et de la jeunesse à Kherson, a été abattu en juin à la kalachnikov dans sa voiture. Yevgeny Sobolev, chef de l'administration pénitentiaire, et Igor Telegin, organisateur du référendum, ont été grièvement blessés par des engins explosifs placés sous leur véhicule. Quelques jours après notre passage, ce sera le tour de Tatiana Tomilina, la rectrice de l'université, que nous avions rencontrée à Kherson. Victime d'une tentative d'assassinat à son domicile, elle nous disait ne pas craindre le danger.

Là où nous sommes, à proximité immédiate du front, des militaires ont emprunté des véhicules civils pour se camoufler. Ils ont marqué un V ou un Z discret sur le pare-brise pour se faire reconnaître de leurs pairs. Au bout d'une demi-heure apparaît le chef de l'administration locale. À voir son visage couleur charbon, barré de cernes gigantesques, l'homme semble ne pas avoir dormi depuis des années. Youri Barbachov nous montre ce qu'il reste de son bureau. Toujours le même cauchemar qui s'appelle HIMARS.

— Lorsqu'ils utilisent ce type de missiles guidés par satellite, c'est pour viser quelqu'un, m'explique-t-il. Là, c'était moi.

Cinq millions d'euros, c'est le coût unitaire d'un de ces missiles. Youri Barbachov doit être important pour que les Ukrainiens gaspillent un de ces missiles en cherchant à l'éliminer. La bombe n'a pas fait de dégâts très importants, détruisant deux pièces dont le bureau, en laissant les côtés de l'immeuble intacts. Cela m'évoque le drone qui a éliminé le chef d'Al Qaida, Ayman Al Zawahiri. Ici, la frappe est moins « propre » qu'en Afghanistan où il y avait à peine un trou dans une fenêtre.

Youri Barbachov nous rabâche le couplet sur les civils visés. Civil, c'est comme cela qu'il se définit, même s'il porte une tenue camouflée. Il nous amène devant l'endroit où une famille a été décimée.

L'homme répète qu'on ne frappe pas des civils avec des HIMARS, à moins de les viser de manière intentionnelle. Il a sans doute raison, mais les Russes ne sont pas en reste. Je lui rappelle les immeubles visés à Kiev et Kharkov, les fosses communes que l'on découvre lorsqu'ils se retirent. Et *quid* de la destruction de Marioupol ?

Il n'a pas le temps de me répondre. Cette fois, un drone nous a vraiment repérés. C'est la panique. On doit courir pour rejoindre les véhicules. À tout moment, ça peut tomber… Les chauffeurs ont pris l'habitude de ces alertes incessantes, et ils savent parfaitement opérer. Nous quittons la ville en empruntant les allées boisées et en longeant les façades d'immeubles.

*

Le port commercial de Kherson fonctionne au ralenti. Les barges restent à quai. En temps ordinaire, elles chargent le blé pour gagner la pleine mer *via* l'embouchure du Dniepr. Les dizaines de grues inertes sont toujours peintes aux couleurs jaune et bleu de l'Ukraine, mais on sent que la rouille a pris ses quartiers dans les structures d'acier. Les sacs de blé s'accumulent. Ceux-là seront acheminés par camion *via* la Crimée jusqu'à la Fédération de Russie. Pour l'instant, c'est depuis Odessa, située à l'Ouest, que part le flux maritime du blé ukrainien, grâce à un accord signé le 22 juillet sous l'égide des Nations Unies et de la Turquie.

À dix kilomètres au nord de Kherson, nous rencontrons Oleg. Cet agriculteur n'a pas de chance. Au début de la guerre, un Mig ukrainien s'est abattu en plein milieu de son champ. Il possède une autre parcelle ; hélas, elle est trop proche de la ligne de front. Pas question de finir comme son voisin, blessé il y a quelques jours par l'explosion d'une mine au volant de sa moissonneuse-batteuse.

La filière céréalière n'est pas la seule à être mise à mal. Un millier de vaches sont mortes brûlées vives dans la région de Zaporijjia lors du bombardement d'une des plus grosses fermes d'élevage. Les Ukrainiens souhaitaient priver les soldats russes d'un point de ravitaillement en viande et en lait. Tout est bon pour affaiblir l'adversaire. Bref, la vie d'Oleg s'est compliquée, depuis le 24 février. Ici, ce n'est pas le Donbass. Il n'y avait pas la guerre depuis 2014. L'Ukraine nourrissait la planète et Oleg gagnait très bien sa vie.

— Maintenant, c'est la débrouille. On vend un peu de blé par ci par là à des meuniers qu'on connaît, mais rien n'est plus comme avant.

Si Oleg refuse d'apparaître face caméra, ce n'est pas parce qu'il se sent menacé. Son explication traduit parfaitement le sentiment de la population de Kherson :

— J'ignore encore qui va gagner cette guerre. D'ici là, je préfère rester discret.

Il a raison, et les événements se chargeront de confirmer le bien-fondé de sa prudence.

*

Autour de la ville, le champ de bataille est une steppe toute plate. Le moindre mouvement y est facile à repérer. Quoique les Ukrainiens soient parvenus à grignoter une poignée de kilomètres carrés, leur avancée est difficile. Les nouvelles de Kharkiv devraient leur remonter le moral. On l'a découvert en ouvrant Twitter, normalement inaccessible sur un territoire russe. Nos accompagnateurs ne nous avaient rien dit.

Lorsque je les interroge sur cette percée des Ukrainiens, ils préfèrent mettre l'accent sur leurs pertes, qui seraient colossales. À les écouter, les Ukrainiens enverraient à l'abattoir des jeunes hommes sans expérience. En réalité, cette victoire ukrainienne à Kharkiv, où les lignes russes trop étirées ont été enfoncées, est un tournant dans le conflit. Elle révèle les carences en hommes et en matériel dont souffre l'armée russe.

En regagnant Kherson depuis Snihurivka, nous nous arrêtons devant une moissonneuse-batteuse détruite. Kirill Stremousov m'explique qu'elle a été victime d'une mine. C'est la dernière fois que nous le voyons.

Ces deux jours passés avec lui à Kherson m'ont laissé le sentiment qu'en dépit de ses fantasmes de conquérir un jour Kiev, cette région n'avait pas vocation à rester sous le contrôle de la Russie. Pour être franc, j'avais imaginé qu'elle pût servir de monnaie d'échange dans le cadre du processus de paix qui viendra sûrement, un jour. Vladimir Poutine s'apprête à décréter que la région fait désormais partie de la Fédération de Russie, mais ce que nous avons vu et ressenti à Kherson trahissait une occupation éphémère : le chaos sur la ligne de front, l'ombre de la résistance qui menace les officiels prorusses, les pénuries liés à la mise hors service du pont Antonovski, principal axe de ravitaillement, l'absence de roubles sur le marché. Tout cela sentait le départ prochain.

17.
L'ombre de Verdun

La voiture file vers l'Est, au milieu de la plaine. En pénétrant dans l'oblast de Zaporijjia, nous avons changé de guides. La nouvelle, une jeune femme, est plutôt sympathique. Ses gardes du corps, en revanche, semblent sortis d'une BD de Tardi. Pourvu d'un nez de boxeur et affublé d'une casquette rouge et blanche de poulbot, celui qui est monté dans notre véhicule n'est pas un professionnel de la sécurité. On le découvre lorsqu'il abandonne sa Kalashnikov sur le siège, portière ouverte, pour aller chercher un café dans une station-service...

Nous arrivons à Melitopol en fin d'après-midi. Cette ville ressemble à un coin oublié d'Union soviétique, une Transnistrie *bis* au milieu des champs de blé avec, au coin des rues, des filles au physique d'affiches de propagande, et des types en blousons noirs portant des sacoches en bandoulière. Les statues reliques y chantent encore la gloire de l'ancien régime, ce moment où la Russie a cru qu'elle allait changer le monde. La nouvelle propagande vantant la russification accélérée occupe l'ensemble des panneaux d'affichage tandis que, à Kherson, on trouvait encore des publicités du monde d'avant.

Les jeunes que nous rencontrons le soir au bar d'une station balnéaire des rives de la mer d'Azov ont conservé cette mentalité. Ils nous ont d'abord pris pour des espions du SBU, le KGB ukrainien, avant de témoigner de leur amour pour la mère Russie. Ils disent apprécier la France aussi, malgré les divisions du monde d'aujourd'hui. Le charme universel de Paris se perpétue jusqu'ici. Se rappeler au passage que, à l'endroit où nous sommes, jusqu'au 24 février, c'était l'Ukraine...

Ces jeunes pensaient-ils la même chose avant ? Ils me semblent très russes dans leur façon de penser. Devant nous, ils ne cachent pas une certaine frustration de vivre hors du temps. Ils ont les portables mais pas la liberté de mouvement dont disposent les jeunes Européens, et ça les rend malheureux. C'est ce que Vladimir Poutine n'a pas compris. Ces jeunes sont partagés entre le souvenir glorieux de leurs pères auxquels les ramènent l'opération spéciale, et l'envie furieuse d'envoyer tout balader parce qu'ils ont le sentiment de vivre dans une forme d'enfermement. Comme leurs pairs occidentaux, ils écoutent du rap, de la pop et du *heavy metal*, avec un petit faible pour le groupe allemand Rammstein. C'est assez étrange d'entendre des jeunes Russes reprendre en chœur « Deutschland ! », un des tubes de Rammstein, au milieu de l'Ukraine, même si la chanson est une dénonciation de certains relents nazis en l'Allemagne.

*

Le lendemain, aux aurores, nous partons pour la centrale nucléaire de Zaporijjia. Une semaine plus tôt, une équipe de l'AIEA (Agence Internationale de l'Energie Atomique) y évaluait le danger des bombardements intempestifs qu'elle a subis. D'abord, nous souhaitons rencontrer Alexander Volga, l'administrateur d'Energodar, la ville sur laquelle est implantée la centrale. Avec les officiels russes, il y a toujours une forme de catéchisme à écouter en préambule. Ça ne loupe pas. Le discours est soporifique, jusqu'à ce que l'homme aborde le sujet de Tchernobyl. Il raconte que son père a fait partie de ceux qui ont réalisé dans l'urgence le sarcophage autour de la centrale. Comme tous les « nettoyeurs » qui ont passé trop de temps autour du réacteur, il est mort dans d'atroces souffrances. Un voile de chagrin traverse ses yeux. Vingt-six ans après, deux armées jouent avec le feu autour d'une centrale nucléaire et c'est lui, le fils d'une victime de Tchernobyl, à qui on a confié l'administration de la ville où ça se passe…

Quelques heures plus tard, nous avons rendez-vous – devant la centrale, cette fois – avec Oleg Petrovic, un ingénieur qui y travaille.

— Dès l'arrivée des Russes, nous avons pris la décision de ralentir l'activité, nous dit-il. Ensuite, il y a eu les premiers bombardements, sur le réseau d'évacuation de l'électricité. Les réacteurs sont faits pour résister à un crash d'avion, mais entraver l'évacuation de l'électricité peut s'avérer très problématique. Ce qui se passe ici est inadmissible. Un obus est tombé à 50 mètres d'un réacteur.

Oleg Petrovic est à l'origine d'une pétition pour exiger que tous les systèmes d'artillerie soient évacués dans un rayon de cinquante kilomètres autour de la centrale, et par les deux côtés. Il tient à préciser que, parmi les ingénieurs et l'ensemble du personnel, Ukrainiens et Russes ont travaillé main dans main. Le conflit n'a pas provoqué de discorde entre eux.

En ville, les habitants ont peur. Beaucoup refusent de nous parler. Un jeune nous explique pourtant qu'il ne peut pas partir car il doit s'occuper de ses grands-parents. Souvent, les gens aimeraient partir, mais ils n'ont nulle part où aller. Je constate que des obus ont atterri au milieu des cités, brûlant des véhicules ainsi qu'un appartement où, me dit-on, une jeune femme a été tuée. Aucun doute, à cet endroit, les projectiles venaient de la partie ukrainienne, car le Dniepr est tout proche et les Ukrainiens sont sur l'autre rive. Cette preuve de la

17. L'ombre de Verdun

présence d'obus tirés par les Ukrainiens est plus convaincante que les shrapnells et autres morceaux de drones abattus que les autorités nous ont mis sous les yeux tout à l'heure, sans que nous puissions en déterminer la provenance. Si les Ukrainiens ont bien bombardé, les Russes, on l'imagine, n'ont pas dû se priver de riposter ; et ils maintiennent une présence militaire autour de la centrale. Ce sont des militaires russes, nous l'avons vu, qui en gardent l'entrée. On aurait pu imaginer que, s'ils voulaient mettre le site en zone neutre et ainsi faire retomber la tension autour de la centrale, ils auraient placé un service de sécurité privé pour l'administrer.

En partant, nous croisons un BMP qui patrouille à cent mètres de la centrale. En revanche, nous n'aurons vu aucun char ni pièce d'artillerie.

*

La percée ukrainienne à l'Est de Kharkiv se confirme. 6 000 km^2 repris, dont le précieux village d'Izium sur lequel les Russes comptaient s'appuyer pour développer leurs offensives futures dans le Donbass. « Retrait audacieux et rusé » s'est réjoui l'état-major russe. Lorsque rien n'avance, les Ukrainiens, eux, parlent d'une « offensive en cours ». Il faut interpréter sans cesse le langage de la guerre.

Kharkiv a l'air d'être la première grande défaite militaire des Russes. Les raisons en sont multiples. D'abord, la tactique vieille comme le monde du « j'annonce que j'attaque au Sud alors que j'attaque à un autre endroit » a fonctionné. Ensuite, les Russes ont à la fois sous-estimé leur adversaire et surestimé leurs propres forces. Enfin, indice d'une négligence coupable, la concentration des forces ukrainiennes à Kharkiv avait été détectée dès le 20 août.

Le Kremlin mettra deux jours à reconnaître sa défaite. C'est une bouffée d'oxygène pour le président Zelensky. Sans victoire, son discours commençait à tourner à vide, dans un contexte de crise énergétique en Europe.

*

Lundi 12 septembre, nous partons sur le front retrouver dans leurs tranchées les cosaques du bataillon Tavrida.

Au nord de Vasiyevka, l'estafette de l'armée bifurque à gauche dans un chemin creux. Nous sommes à 40 km de Zaporijjia. Vue depuis la route, la forêt me semblait quelconque. Mais, dès que nous avons soulevé les premières branches, une fourmilière d'hommes en armes et de matériel est apparue. Au milieu un campement de fortune, quelques tentes sont recouvertes par des filets camouflés.

À peine le pied posé sur le sol, on ne bouge plus. Un drone a été détecté. Un bruit d'insecte persistant grésille. Oleg, 50 ans dont une vingtaine passée dans l'armée, m'explique à voix basse pourquoi les drones ont tout changé :

— Hormis les zones boisées et quelques points stratégiques, on ne s'embarrasse plus à creuser des tranchées car ils les repèrent aussitôt.

Nous avalons à la va-vite un goulasch hongrois réchauffé par un soldat dans une boîte de conserve, et c'est parti !

— Surtout, vous me suivez, fait Oleg en se mettant en marche. Il y a des mines partout.

En lisière de la forêt s'ouvre un long champ de blé bordé à deux cents mètres, droit devant, par un bois. Le blé entre les deux a été moissonné on ne sait trop comment, puisqu'il s'agit d'une ligne de front. Un agriculteur téméraire aura profité d'une accalmie. Cela me rappelle l'histoire de ce paysan afghan tué par les Américains simplement parce qu'il tentait de récolter ses fruits dans son verger, et qu'il avait eu la très mauvaise idée de s'y risquer pendant une patrouille.

— Les Ukrainiens sont là, annonce Andrei en désignant le bois.

À 31 ans, cet officier est le commandant en second du bataillon. Il est aussi menu qu'Oleg, son adjoint, est costaud. Avec ses mèches blondes, on dirait un enfant.

Radio à la main, il prend la tête du groupe. La tranchée s'enfonce dans le sol, longe les bois, serpente sur une centaine de mètres jusqu'à ce qu'apparaisse un vieux soldat coiffé d'un bonnet. L'homme porte une arme antichar à la main.

— Si les Ukrainiens tentent de percer dans le secteur, il n'y a qu'avec des blindés qu'ils ont une chance d'y parvenir, remarque Andrei en désignant l'arme.

Le cosaque monte la garde. Son visage est plissé comme la face d'une gargouille. Ici, l'homme et la terre communient dans la mélodie de l'acier. Justement, trois détonations sourdes déchirent le silence. L'adversaire reprend son pilonnage des positions russes avec des mortiers. Je me rends vite compte que, à part nous, cela n'inquiète personne.

— C'est loin, lâche Andrei pour nous rassurer.

Deux combattants, dont l'un est coiffé d'une chapka noire, montent la garde près d'une maison détruite. Il ne faut pas filmer la maison. Ces deux-là sont des vétérans des guerres de Tchétchénie. Ils ont repris du service à l'appel de Poutine. L'homme russe possède un goût prononcé pour les activités viriles en plein air. Poutine a construit son mythe là-dessus, popularisé par ses promenades à cheval torse nu. Si de jeunes soldats ont pu être jetés au beau milieu de cette guerre contre leur gré, d'autre ne sont pas mécontents d'avoir quitté leurs foyers. Ceux-là s'ennuyaient ferme au fond de leur garage en Crimée. L'opération spéciale leur a offert une chance inespérée de « renquiller ». C'est particulièrement vrai chez les cosaques, ces communautés guerrières libres, serviteurs des tsars depuis le XVIIIe siècle. Quand je les questionne sur le froid, ils sourient :

— Nos grands-pères ont combattu sur le front de l'est, vous croyez que l'hiver nous fait peur ?

Ils croient revivre la grande guerre patriotique de 1945 mais, en attendant de foncer dans la steppe pour terrasser l'hydre fasciste, c'est plutôt Verdun que leur quotidien m'évoque, avec ses attentes interminables, sa consommation excessive de tabac, et la mort qui rôde autour sous la forme d'un obus. Quand on sera au calme, tout à l'heure, Oleg me parlera de la « guerre de civilisation » qu'il conduit avec l'opération spéciale.

— L'Europe et l'Ukraine ont abandonné leurs valeurs, me dira-t-il, bien qu'il ait du respect pour les soldats ukrainiens qu'il juge très bons au combat.

— Les Ukrainiens, vous les appelez vos frères, lui rappellerai-je. Pourtant, dans une guerre, on ne combat pas son frère ?

— On les a dressés contre nous. Nous n'avons pas le choix.

Il est *cash*, Oleg. Il n'hésite pas à reconnaître que c'est compliqué.

— Nous n'avons avancé que de sept kilomètres et ça fait trois mois qu'on est là, pointera-t-il.

Plus tôt, il m'a montré l'unique point de passage sur l'ensemble du front, entre l'Ukraine et la partie occupée par la Russie. Le *checkpoint* est situé sur une route qui traverse son secteur. Des familles y étaient entassées dans leur voiture depuis des heures, attendant d'être contrôlées par des militaires en armes. La plupart étaient originaires de Marioupol. Réfugiés en Ukraine après avoir fui les combats, ils rentraient chez eux, dans leur ville martyre désormais occupée par les Russes. L'accord entre les deux camps stipule que quatre cents voitures sont autorisées à passer dans chaque sens tous les jours.

17. L'ombre de Verdun

Je repense soudain à la centrale nucléaire et à son ingénieur qui espérait écarter l'artillerie des deux camps. À l'heure où j'écris ces lignes, après un an de conflit, rien n'a vraiment changé autour du site d'Energodar. La centrale est toujours l'objet de frappes sporadiques. Les Russes ont renforcé les défenses autour, et les Ukrainiens ont tenté plusieurs fois de traverser le Dniepr à l'aide de commandos sur des petites embarcations. Pour l'instant, ils ne sont pas parvenus à établir de têtes de pont. Avec les cosaques, à vol d'oiseau, nous n'étions qu'à 30 km. Or, ces hommes se battaient à l'arme lourde. Andrei avait conservé sur son portable la vidéo de la déflagration d'un mortier M777 américain tiré par les Ukrainiens. Du 155 mm. Une munition énorme et redoutable, la même que celle tirée par les canons Caesar français.

18.
La nouvelle Sarajevo

Quand nous arrivons à Marioupol, l'Enfer y a toujours pignon sur rue. Six mois après les combats, l'endroit vous glace le sang, avec ses façades grêlées d'impacts, ses barres d'immeubles calcinées.

Je repense aux réfugiés aperçus au *check-point* de Zaporijjia. Ils disaient espérer qu'il reste quelque chose de leur habitation. C'était il y a trois jours. Qu'ont-ils trouvé à leur arrivée ? Ont-ils senti, eux aussi, cette odeur âcre de corps en décomposition qui nous a saisis du côté du port ? À Marioupol, au milieu des gravats, il reste des morts sans sépulture... et des vivants, dont un nombre incroyable de grand-mères solitaires qui n'ont nulle part où aller. Elles dorment la nuit dans leur cave et, la journée, patientent sur une chaise devant les ruines de leur maison, en se demandant comment se terminera le supplément de vie que leur a accordé le bombardement. Certaines refusent de nous parler. Elles sont en colère. De toute façon, devant un tel spectacle, que peut-on leur demander ? Il faut se taire et écouter.

Après que nous avons tourné en ville un petit moment, une femme à sa fenêtre nous invite à monter pour constater les ravages de l'obus qui est tombé chez elle.

— Deux étages ont été détruits, puis le feu s'est propagé jusqu'au toit, explique-t-elle.

La voisine pointe son nez. Elle est prof de russe. Elle parle du bombardement en citant Tolstoï. Je m'aperçois brusquement que ce n'est pas celui de mars qu'elle évoque, mais celui de 2015 ! En effet, Marioupol est une tragédie en deux actes. À l'époque où le Donbass faisait sécession de l'Ukraine, une première bataille s'y était déroulée. Les Ukrainiens du bataillon Azov avaient triomphé des séparatistes du Donbass, point de départ de leur légende. En 2022, les séparatistes sont revenus. Cette fois, ils avaient l'armée russe avec eux. Ces femmes ont vécu deux bombardements de leur ville.

— En mars, on a tenu vingt et un jours sans aucune nourriture. Pour boire, on faisait fondre la neige…

À la fin, les combattants ukrainiens s'étaient retranchés dans les sous-sols de l'usine Azostal. Nous voilà devant. C'est gigantesque. Avant la guerre, il fallait plusieurs arrêts de bus pour desservir l'usine. Un drapeau ukrainien oublié est encore accroché à un poteau, sur le pont, à l'endroit où Azov s'est rendu aux troupes russes. Autour de nous, pas un bruit, pas le moindre oiseau, pas le moindre souffle d'air, le vide. Les rues ont été déblayées. Le bâtiment, lui, n'a pas bougé. Le monstre d'acier étale son squelette devant nous. Le monde entier avait les yeux rivés sur lui. Aujourd'hui, il n'intéresse plus personne.

En quittant les lieux, notre voiture emprunte une corniche d'où l'on distingue mieux l'ensemble de l'usine-ville. Dans ce coin de la ville, aucun bâtiment n'a échappé à l'artillerie. Tout a brûlé, des dizaines d'immeubles dans des dizaines de rues. À chaque carrefour, le spectacle se répète. Quand les Russes décident d'en finir, ils n'y vont pas de main morte. Les villes d'Europe où ils sont passés pendant la Seconde Guerre mondiale s'en souviennent. Les bombardiers anglo-américains n'étaient pas tendres non plus. Plus récemment, ils ont détruit Grozny et Alep.

À Marioupol, les Russes ont mis le paquet parce qu'ils se croient chez eux. Azov leur a fourni une excuse parfaite. Ses combattants s'étaient glissés parmi les civils, plaçant des mortiers dans les barres d'immeuble. Tous ceux à qui nous avons parlé nous l'ont assuré. Posées à un carrefour, des roquettes RPG neuves dans leurs housses en plastique sont encore visibles. Azov a rejoué Berlin 1945. Comme un écho à la chute du Reich, face aux combattants dont certains partagent une idéologie néonazie, on retrouvait la 150ᵉ division de fusiliers Idritsa-Berlin, celle-là même qui, soixante-dix-huit ans plus tôt, a hissé la bannière avec l'étoile rouge sur le Reichstadt au cœur de la capitale allemande. Allez dire ensuite que la Seconde Guerre mondiale n'imprègne pas ce conflit...

Les Russes ont fait donner l'artillerie et les chars, comme Joukov à l'époque. En atteste cette usine qui gît par terre, ce mastodonte de pierre éventré dont on ne devine même plus la fonction d'origine, ce hangar dont il ne reste que l'armature, ce terminal ferroviaire incendié, ou ces silos d'où s'échappe encore une fumée noire. Ces malheureux grains de maïs n'ont cessé de brûler depuis six mois. Un éternel incendie. Les Russes ont écrasé la ville, et quelque chose me dit que dans le reste de l'Ukraine, ils ne laisseront jamais tomber, quel qu'en soit le prix. Alors, oui, on peut craindre le pire pour Nikolaïev, Odessa, Kharkiv et même Kiev. Kirill Stremousov semblait certain que les deux premières seraient conquises. On vient d'apprendre que ses bureaux à Kherson ont été la cible d'un attentat. Il doit avoir une bonne étoile car il en a réchappé. Tous les analystes disent que Poutine doit réagir après la défaite de Kharkiv, s'il veut rester crédible. Les villes d'Ukraine finiront-elles comme Marioupol ?

*

Au cours du siège de Marioupol, il fallait un temps fou pour rejoindre Donetsk en raison des contrôles. Cette fois, c'est rapide, même si la nuit est tombée et qu'il s'est mis à pleuvoir. La route a été refaite. Les *check-points* sont devenus rares. Nous dépassons une colonne de chars T-72 qui remontent vers le front. Encore deux ou trois collines, et nous serons rendus dans la capitale du Donbass.

Au matin, je la découvre plus jolie que je ne l'avais imaginée, avec ses larges avenues et ses palais d'âges multiples. La porte en verre de mon hôtel a été brisée par un obus. Placé à l'entrée, le panneau « Danger, nettoyage en cours » pourrait passer pour de l'humour noir.

Les bombardements à Donetsk sont comme les Klaxons dans une ville occidentale, un bruit de fond auquel on s'habitue. Les sépara-tistes du Donbass pilonnent les positions ukrainiennes à seulement cinq kilomètres de la ville. Ceux-ci ripostent en visant au hasard le centre-ville. Chaque jour, les obus tuent des gens. De l'autre côté, c'est la même chose. Le front a bougé partout en Ukraine... sauf ici. Les deux camps se sont barricadés dans des forteresses souterraines quasi imprenables. C'est pourtant là où tout a commencé, là où des Ukrainiens, pro-Russes et anti-Russes, s'épuisent en un combat insensé qui, jusqu'au 24 février, laissait le monde indifférent. Si jamais la Troisième Guerre mondiale éclate, Donetsk entrera dans l'histoire comme la Sarajevo du XXIe siècle.

*

Pour retourner à Moscou, je dois prendre un train depuis la garde de Rostov-sur-le-Don. En Russie, le rail est une véritable culture. Dès le début du XXe siècle, le tsar Nicolas II avait fait construire 10 000 kilo-mètres de voies ferrées dans toute la Russie. Relier Moscou à l'Ex-trême-Orient russe et à la Sibérie représentait le plus gigantesque ouvrage ferroviaire jamais construit. L'Ukraine n'est pas en reste. De part et d'autre, on possède ce même appétit des distances, comme j'avais pu le constater en avril. Les wagons sont beaucoup plus grands que chez nous. Les trains sont des lieux de vie.

Il me faudra dix-neuf heures pour rejoindre Moscou. Dans mon compartiment, les passagers ont un sens aigu du partage. Lors des nombreux arrêts, il n'est pas rare qu'un nouvel arrivant mette sur la table des fruits ou de la nourriture et encourage les autres à se servir. Les Russes ont conservé un substrat de collectivisme, dans le bon sens du terme. Là où, chez nous, lorsqu'on voyage en train, on est souvent sur le qui-vive, ici il n'y a aucune tension et une énorme bienveillance, même à l'endroit d'un Français. Quand les occupants du compartiment découvrent ma nationalité, ils ne montrent aucune hostilité envers moi alors que mon pays soutient le camp d'en face et va bientôt lui envoyer des armes encore plus lourdes. Ils sont curieux.

L'un d'eux parle l'allemand. J'en connais quelques rudiments que j'utilise pour communiquer avec lui et qu'il traduit aux autres. Les Russes m'interrogent surtout sur notre président. Je leur explique qu'Emmanuel Macron veut coûte que coûte maintenir le dialogue avec leur président, mais que les choses ne se déroulent pas très bien pour le moment. Je leur dis que je ne pense pas que Vladimir Poutine soit prêt à négocier. Ils ne font aucun commentaire. J'ai remarqué que, en Russie, les gens ont du mal à prononcer le nom de Poutine, comme s'il était une sorte de divinité qui incite à détourner les yeux. Pour autant, que pensent-ils de l'opération spéciale ?

— C'est douloureux, dit une femme.

Quand je lui demande d'élaborer, elle baisse la tête.

Un homme me dit alors que cela n'affecte pas les Russes et qu'ils la soutiennent en majorité. Cette conversation a lieu quelques jours avant la décision de Poutine de décréter la mobilisation partielle. Mes interlocuteurs ont-ils changé d'avis depuis ? Je n'ai aucune manière de le savoir.

À mesure que le train remonte vers le Nord et Moscou, l'opération spéciale semble s'éloigner dans les esprits. Mes compagnons de voyage ont aussi une manière singulière pour me demander si la France souffre à cause de la coupure du gaz. Ils mettent leurs bras autour de leur corps et claquent des dents en riant. Je bombe le torse et leur réponds :

— *Niet*, pas encore !

19.
Les damnés de la terre

8 novembre 2022.

Coup de théâtre dans la guerre en Ukraine : les Russes retirent leurs troupes de Kherson. C'est une grande victoire pour les Ukrainiens.

Le même jour, j'apprends la mort de Kirill Stremousov. Je l'avais laissé au bord d'une route, au nord de Kherson. À cette époque, ni lui ni moi ne savions que la décision d'évacuer Kherson était prise. Le sort de Stremousov s'est joué à ce moment. Ce jusqu'au-boutiste ne pouvait pas survivre au départ des Russes. Son existence y était associée de bout en bout.

Le jour de la fin de l'évacuation de la ville, son véhicule, celui-là même qu'il utilisait lorsque nous le suivions, a été percuté par un poids-lourd. L'accident s'est produit sur une route près d'Heniches'k, là où nous l'avions rencontré la première fois. Il rendait visite à sa mère. Sa mort reste mystérieuse. Est-elle l'œuvre du hasard ou celle de la résistance ukrainienne ? Kirill Stremousov a-t-il pu également gêner les autorités russes par ses excès et sa trop grande visibilité ? Il avait fait parler de lui à travers des vidéos démentes où il annonçait que les Russes allaient conquérir l'Europe et même Paris. Il a été enterré en Crimée, près de Simferopol.

Le retrait de Kherson a été considéré comme une défaite majeure de la Russie, un tournant dans la guerre pour certains observateurs[1]. Au-delà du symbole pour les Ukrainiens, qui ont reconquis leur première grande ville depuis le début du conflit, il a aussi, dans une moindre mesure, bénéficié aux Russes. En effet, Kherson était une ville difficile à défendre et à approvisionner en raison des frappes sur le pont Antonovski et de la destruction des principaux axes de communication. Le repli a permis aux Russes de consolider le front ailleurs grâce aux troupes qui étaient utilisées auparavant pour la défense de Kherson.

L'opération était délicate. Elle consistait à faire traverser à 20 000 soldats et à leur équipement un fleuve d'une largeur pouvant atteindre plus d'un kilomètre. Les unités combattantes situées sur la ligne de front devaient continuer à donner suffisamment le change à leurs homologues ukrainiens, quitte à se sacrifier, pour ne pas dévoiler que, pendant ce temps, leurs camarades pliaient bagage. En dépit de la puissance du renseignement fourni par l'OTAN aux Ukrainiens, personne n'a eu confirmation que les Russes partaient. Il s'agissait d'une hypothèse parmi d'autres. L'annonce de leur retraite est arrivée quand tout était presque achevé. La surprise n'en a été que plus grande.

Les Russes n'ont pas non plus perdu de temps. Aussitôt, ils ont consolidé leurs positions défensives sur la rive Est du Dniepr. Cette manœuvre associant retrait et repositionnement défensif, couplée aux attaques sur les structures électriques ukrainiennes, a démontré que le général Sourovikine, nommé par Poutine, était l'homme-clef,

---

1. *Le Monde*, « La libération de Kherson, un tournant de la guerre en Ukraine », éditorial, 14 novembre 2022.

le chef militaire le plus qualifié pour apporter les changements nécessaires. Le retrait de Kherson sera peut-être aussi efficace que celui de la poche de Falaise, en août 1944. Lors de cet événement, les deux tiers de l'armée allemande ont échappé aux Alliés, permettant au Reich de monter plus tard la contre-offensive des Ardennes. On l'enseigne aujourd'hui dans les écoles militaires.

Le tintamarre qui a salué le retour des Ukrainiens dans la ville de Kherson a permis une nouvelle fois de masquer au public que les Russes, tout en subissant une défaite et l'humiliation de voir un territoire fraîchement annexé leur échapper, avaient en réalité mené une excellente opération sur le long terme. On ne l'a pas remarqué d'abord, mais le retrait de Kherson a presque instantanément été suivi par une série de frappes terribles sur le réseau électrique ukrainien. La *blitzkireg* sur Kiev ayant échoué, les Russes ont opté pour une guerre d'attrition utilisant l'élément climatique qui leur a si souvent servi au cours de leur histoire : l'hiver.

*

« L'armée russe ne planifie rien, elle envoie ses hommes se faire massacrer. » Voici ce qu'écrivait le reporter Luc Mathieu dans le journal *Libération*, au sujet des combats autour de Bakhmout[1]. « On ne peut plus exclure une reprise totale du territoire », avait annoncé un mois plus tôt, dans le même journal, l'historien militaire Michel Goya, émerveillé devant les avancées ukrainiennes à l'Est de Kharkiv[2].

---

1. *Libération*, « Guerre en Ukraine, à Bakhmout, "L'armée russe ne planifie rien, elle envoie ses hommes se faire massacrer" », Luc Mathieu, 24 octobre 2022.
2. *Libération*, « Michel Goya : "On ne peut plus exclure une reprise totale du territoire" », interview Léa Masseguin, 11 septembre 2022.

À l'époque, il était de bon ton de se moquer des Russes. J'avais évoqué les revers subis à Izium notamment auprès des cosaques dans leur tranchée près de Zaporijjia. L'un d'entre eux, Oleg m'avait alors rappelé que Koupiansk et Izium avaient été cédés aux Allemands lors d'une des multiples offensives et contre-offensives qu'a connue la région entre 1941 et 1943. Pour être précis, six batailles ont été livrées pour la conquête de Kharkiv que tout le monde appelait Kharkov avant le 24 février. Les Russes n'en ont gagné qu'une seule : la dernière. Aujourd'hui, les circonstances sont différentes. L'armée russe ne dispose certainement pas des millions d'hommes qu'elle avait à l'époque. Néanmoins, il ne faudrait pas sous-estimer chez eux cette force qu'ils ont montrée au cours de leur Histoire lorsqu'ils étaient au bord du précipice.

En dépit des succès militaires enregistrés par les Ukrainiens et des difficultés rencontrées par les Russes, le taux des pertes des deux côtés s'est stabilisé aujourd'hui à un pour un. Pour le nombre de morts et de blessés, les chiffres varient de façon vertigineuse. Depuis le début, les pertes de part et d'autre sont l'objet d'une intense propagande de guerre. On peut cependant penser qu'elles s'établissent à au moins 100 000 pour chaque camp, soit la moitié des effectifs engagés dans la phase initiale du conflit. La stabilité actuelle du front ne saurait cacher la guerre d'attrition que se livrent les deux pays, un immense bras de fer visant à affaiblir l'adversaire pour le pousser à capituler. Cela exige d'utiliser au mieux l'éventail des ressources à disposition.

Fini le gaspillage d'hommes, de blindés et de munitions dont les Russes ont fait preuve au début. Pour compenser leurs pertes, les Ukrainiens ont puisé dans la réserve, parmi les vétérans de la guerre au Donbass en 2014. Ils ont pu compter également sur les dizaines de milliers de volontaires, formés à la hâte au début du conflit et désormais assez expérimentés pour que leur soient confiés des secteurs entiers du front.

Au lancement des hostilités, les Russes ont engagé la moitié de leurs formations, soit quarante brigades. Ils ont panaché soldats expérimentés et conscrits moins formés. Nous l'avons constaté chez les cosaques, avec la présence sur le front de vétérans des guerres de Tchétchénie, mais cela est valable dans d'autres unités. Les offensives victorieuses de l'armée ukrainienne en septembre, particulièrement celle de Kharkiv, ont démontré que les unités russes manquaient d'hommes pour tenir les 1 200 km de front. Ce constat a forcé Poutine à annoncer, fin septembre 2022, une mobilisation partielle. Considérée comme un signe de faiblesse lorsqu'elle a été décidée, certains prédisant une révolte en Russie et un exil massif des futurs conscrits, la mobilisation a pris du temps. L'arrivée d'une partie des 300 000 hommes a permis de consolider les fronts. Les Russes ont profité de cette stabilisation pour renforcer leurs positions, en construisant des bunkers, des rideaux défensifs, et en plantant des mines. Si les Ukrainiens doivent reprendre leur offensive, il ne faut donc pas s'attendre à ce que celle-ci soit moins sanglante. L'objectif russe semble, depuis le mois d'octobre 2022, de garder les terres conquises. Ce nonobstant, ils entendent vendre chèrement chaque kilomètre carré qu'ils seraient contraints de céder à leurs adversaires.

Dans les mois qui ont suivi les revers de Koupiansk, Izium, Liman et Kherson, ils n'ont pas repris l'initiative au point d'inverser la tendance et de reprendre totalement l'initiative. En revanche, ils ont su stopper les avancées de leurs adversaires et mettre ces derniers sur la défensive dans plusieurs secteurs du front. Et c'est à Bakhmout que cela s'est produit. Wagner était raillé dans nos médias depuis l'été, accusé des pires atrocités, considéré comme un amas de piètres combattants, de taulards envoyés à l'abattoir avec, à leur tête, un personnage trouble, Evgueni Prigogine, une sorte de méchant, encore plus méchant que Poutine, c'est dire. Bakhmout n'avait aucun intérêt stratégique, nous répétaient les généraux sur LCI. Wagner y envoyait des milliers d'hommes à la mort pour ne parvenir à reprendre que quelques blocs d'immeubles calcinés. Pathétique, à en croire les experts.

Or, peu ont perçu que Wagner, c'est d'abord le coup de communication qui correspond à notre époque numérique et violente : celle des patchs à tête de mort et des combattants sans visage. C'est l'irruption sur le champ de bataille non pas d'un bataillon de taulards, mais d'un mélange de soldats de fortune, d'ex-Forces spéciales encadrant des ex-prisonniers motivés autant par l'appât du gain que par le rachat grâce au sang versé. On a beau les décrier comme symboliques de la guerre la plus sale, celle où la lie de l'humanité s'en va fouler aux pieds les conventions de Genève, difficile de ne pas reconnaître que, avec la conquête de Soledar, Wagner a changé partiellement le jeu.

Au début de la guerre, Poutine avait ses Tchétchènes, mais leur manie de hurler « Allah ouakbar » à tout bout de champ envoyait un message ambigu au monde. De plus, leurs performances n'étaient pas très convaincantes. Les Ukrainiens les avaient surnommés les « soldats TikTok », à leur façon de mettre sans cesse en scène, de manière bruyante et désinvolte, leur présence sur le champ de bataille. On les avait vus à Marioupol. À les écouter, ils avaient conquis seuls la ville. La réalité était différente. Le monde n'est pas plus rassuré avec Wagner, mais Wagner, c'est la peur sans idéologie ni religion. Ce sont les damnés de la terre qui viennent de remporter une victoire contre l'OTAN. Ce n'est pas rien.

20.
L'éternelle chanson du pire

Depuis que les frontières sont fermées, il existe, en gros, trois chemins pour se rendre en Russie depuis Paris. Le premier passe par Istanbul, le deuxième par Belgrade, le troisième par l'Estonie. C'est celui-là que j'emprunte en janvier 2023.

Avant de partir, j'avais vu le film *Kompromat*, réalisé par Jérôme Salle. Il raconte l'évasion de Russie du directeur de l'alliance française d'Irkoutsk en Sibérie, victime d'une machination du FSB qui l'accuse de pédophilie. La forêt que traverse le car nous conduisant depuis Tallinn jusqu'à Narva et la frontière avec la Russie est identique à celle que doit traverser le héros, à la fin du film, alors qu'il est poursuivi par les loups et par des agents russes avec des têtes de cauchemar.

À l'arrivée à Narva, nouvelle expérience digne d'un roman d'espionnage. La neige tombe. Après avoir montré nos passeports aux douaniers estoniens, mon caméraman et moi nous avançons dans le froid et le vent sur un pont désert qui nous conduit à la ville d'Ivangorod. Les passeports tamponnés, nous commandons un taxi pour Saint-Pétersbourg. Notre chauffeur se révèle être un pilote exceptionnel, car la route que nous empruntons est recouverte d'une couche de neige qui ne cesse de s'épaissir à mesure que nous progressons vers l'Est par le Nord.

En chemin, nous réservons deux couchettes pour le train de nuit vers Moscou. À la gare de Saint-Pétersbourg, il n'y que le Burger King d'ouvert après 22 heures. C'est étonnant de constater que l'enseigne continue d'opérer ici. La maison-mère a suspendu tout soutien aux 800 enseignes en Russie ainsi qu'à la chaîne d'approvisionnement du marché russe. Elle n'y investit plus. Des procédures légales sont en cours, mais elles n'ont toujours pas abouti, de sorte que le nom peut être utilisé. En cette soirée du 15 janvier 2023, en dépit de l'avalanche de sanctions économiques qui s'est abattue sur la Russie, nous voilà en train de déguster un *whopper* à la hauteur de ceux qui sont servis aux États-Unis et chez nous.

Le train, c'est une autre affaire. Il existe trois classes dans les trains russes. La troisième, celle pour laquelle nous avons réservé des billets, et les deux autres, plus confortables. Notre compartiment est bondé. Quelques mots échangés avec une hôtesse d'accueil à l'entrée du wagon nous apprennent que des places sont libres dans les autres classes. En partant, j'ai pris 8 000 roubles en liquide, qui me restaient du précédent séjour. Il est impossible en effet d'utiliser la moindre carte bleue occidentale en Russie. Par chance, c'est exactement la somme nécessaire pour être surclassés. Dormir dans un compartiment confortable et au calme n'a rien de superflu en regard de la longueur du voyage et des conditions de vie qui nous attendent dans le Donbass. Nous n'hésitons pas.

*

Quand j'arrive à Moscou, je découvre que les enseignes européennes du centre-ville ont fermé boutique. Malgré cela, je n'observe toujours aucune queue devant les magasins ouverts dont les rayons sont parfaitement achalandés. Il semble que les Russes continuent de vivre normalement.

Après deux jours de voiture, nous arrivons dans le Donbass. En pleine nuit, à l'Ouest de Lougansk, au milieu d'une forêt de pins dont les ombres gigantesques semblent filer vers le ciel, nous cherchons l'entrée du QG du bataillon des vétérans. La brigade affiche d'emblée la couleur. Son insigne, une photo de Poutine. En revanche, son statut est plus que flou. Beaucoup des hommes rassemblés ici ont fait l'Afghanistan ou la Tchétchénie. Quand ils ne combattent pas sur le front, ils forment en quatrième vitesse une partie des 300 000 conscrits enrôlés depuis fin septembre quand Vladimir Poutine a annoncé la mobilisation partielle. Le tarif : dix jours sur le front et ensuite dix jours de repos ici, au milieu des bois.

Une dizaine de grandes tentes sont dressées dans la forêt. Au milieu du campement, un sapin de Noël est décoré avec des bandes de cartouches. On s'est débrouillé avec les moyens du bord.

La tente du commandant, un cosaque qui répond au surnom de Raptor, est la plus au centre. On pousse la toile. Le chef est à table, entouré de ses hommes, barbus pour la plupart, dont les *sweat-shirts* laissent apparaître des tatouages à l'extrémité des manches voire, parfois, jusque dans le cou. L'air empeste la cigarette. Derrière le chef, sur la toile, quelqu'un a accroché des sabres et la peinture d'un soldat à la moustache et à la tenue d'une époque lointaine.

— Vous voulez aller sur le front ? nous dit le commandant sans faseyer. Vous partirez demain. En attendant, nous viendrons vous chercher à minuit. C'est la tradition. Nous nous baignons dans la rivière.

Son aide de camp nous accompagne à notre tente. Une dizaine d'hommes l'occupent, qui discutent autour d'un poêle à bois. L'installation tire très bien, de sorte qu'on ne ressent pas le froid en ce mois de janvier. Je m'étais imaginé que les soldats russes dormaient dans des conditions terribles. Ils sont en réalité assez bien lotis pour affronter l'hiver même si nous constaterons que, sur le front, les conditions sont beaucoup plus spartiates.

— On a eu des moins vingt, me dit un vétéran d'Afghanistan âgé de 55 ans et qui répond au surnom de Tracer. Mais, maintenant, il fait au-dessus de zéro. La boue est déjà là. C'est une anomalie.

La boue, il la connaît par cœur. En plus d'être paysan, il est passionné par la détection de ce qu'il reste des batailles dans le sol.

— À l'endroit où nous sommes, Manstein [le général allemand] a démarré son offensive victorieuse sur Kharkiv, rappelle-t-il à ses camarades tout ouïe.

Il a un point de vue pour le moins surprenant sur la guerre :

— Il *faut* qu'il y ait la guerre. Voilà trop longtemps qu'il n'y en avait pas eu.

La guerre serait-elle un mal nécessaire ? Est-ce criminel de le penser ? Je ne sais pas. J'observe alors avec peut-être trop d'insistance un drapeau de l'URSS placé au-dessus de l'endroit qui m'a été désigné pour dormir. Constatant mon intérêt, le vétéran me demande :

— Qu'est-ce qu'il y avait de mal dans le communisme ? Stabilité, justice. Chaque personne en a besoin, vous ne trouvez pas ?

Plongé dans ses pensées, il ajoute :

— Staline me manque...

— Oh la la, tu te prends trop la tête à philosopher, se moque un autre soldat qui s'est levé de son lit et s'équipe pour partir prendre son tour de garde.

S'il est difficile de comprendre quelle folie a poussé Poutine à déclencher la guerre, je saisis mieux pourquoi ceux-là ont repris du service. Les Russes ont la mémoire longue. On leur raconte depuis qu'ils sont tout petits la grande guerre patriotique. Ils sont au milieu d'une forêt où l'on trouve des tranchées allemandes datant de 1942. Leur Histoire vit sous leurs pieds, et Dieu n'est jamais loin.

*

À minuit, comme promis, l'aide de camp ressurgit. C'est l'heure du bain de glace, tradition russe pour l'Épiphanie. L'exercice consiste à s'immerger dans un trou percé dans la rivière glacée et à se signer trois fois face à une croix taillée dans la glace. Auparavant, un pope a béni le lieu. Ensuite, les hommes se dévêtissent pour plonger dans l'eau. Nous n'y échapperons pas.

— À votre tour, les Français ! nous lancent les soldats en rigolant.

C'est notre rite de passage, leur manière de nous tester pour ensuite nous emmener sur le front. Ça pique très fort. On frise l'hypothermie mais, après coup, c'est revigorant.

Le lendemain, la formation des plus jeunes conscrits a lieu sur un polygone de tir situé à quelques kilomètres du camp. AKM, AK74, mitrailleuse PK, SVD, fusil de *sniper*, RPG-7 et même des charges thermobariques. La brigade est bien équipée. Les nouveaux ne sont pas des as du tir, loin de là. Ils défouraillent à tout-va sous l'œil d'un instructeur plutôt passif. Ils ne cherchent même pas à viser la cible. Il y a quelque chose de la vieille armée rouge dans leur désordre, de celle qui s'épuisait sans discipline mais avec un courage suicidaire contre les lignes allemandes à coup de millions de morts, submergeant l'ennemi pour le renvoyer, à court de munitions, jusqu'à Berlin.

Aujourd'hui, il n'y a plus d'hommes par millions à disposition comme au temps de Staline, mais ce n'est pas si important car la guerre n'est pas la même. Les soldats d'expérience mènent les opérations. Les autres suivent. On compense avec ce qu'on trouve. Un soldat qualifie devant moi la brigade de « CVK », société militaire

privée en russe. Wagner aurait-il fait des petits ? La Brigade des vétérans, elle aussi, n'est pas une unité régulière. Elle a été formée dans le
but de faire profiter de l'expérience des anciens aux jeunes conscrits.
Mais à la différence de Wagner, on ne compte dans ses rangs aucun
prisonnier libéré pour aller à la guerre.

L'heure du départ pour le front approche. C'est un moment particulier. Nous embarquons dans une estafette maculée de terre séchée.
Elle est ronde et paraît sortie d'un film des années 1950. Les lignes
ukrainiennes ne sont qu'à une vingtaine de kilomètres à vol d'oiseau,
mais il va falloir en accomplir quatre-vingts pour contourner de nuit
les endroits les plus risqués et rejoindre le détachement des vétérans
qui se trouve en première ligne.

Plusieurs fois sur la route, le chauffeur se signe. Je n'ose pas
demander pourquoi et m'en remets à la piété légendaire des orthodoxes qui se signent dès qu'ils aperçoivent un crucifix. Sauf que, là,
on ne voit aucune croix, car il fait nuit noire. D'où vient cette peur ?

Après une vingtaine de kilomètres, le revêtement de la route a
pratiquement disparu. C'est le Donbass. Depuis huit ans, ici, on se
bat. Dans les villages traversés, labourés par les chenilles des blindés,
de timides lueurs indiquent qu'il y a encore un souffle de vie dans
quelques habitations. Une vie avec l'Enfer sur le pas de la porte. Le
chemin chaotique se prolonge, interminable, jalonné dans la lueur des
phares par des chars stationnés ou des colonnes de camions Urak.

Au dernier *check-point*, les soldats sont sur les nerfs. L'un d'eux
ouvre la porte arrière de notre véhicule et nous menace avec sa
mitrailleuse. Pas très agréable de sentir un canon braqué sur soi,
surtout quand la sécurité a été retirée. C'est la faute du chauffeur
qui, au lieu d'obtempérer quand le soldat a demandé de fouiller l'estafette, s'est entêté à avancer. Le soldat a maintenant baissé son arme
et refermé la porte. Les deux hommes à l'avant ont coupé le moteur

et sont partis. Nous voilà dans le noir complet, à attendre que l'on vienne nous chercher. L'impression, un peu, d'être traités comme des prisonniers. Soudain, la porte s'ouvre à nouveau et le commandant Youra Rostov nous tend une main amicale. Il nous invite à le suivre. Il a à peine 25 ans. Qu'importe : il est de ceux qui sont nés pour être chef. Il n'a pas besoin de parler fort pour être entendu.

Il nous accueille dans une maison dont les habitants ont fui. Il reste des photos du couple qui habitait là. Les placards sont remplis de leurs affaires, abandonnées lors d'un départ précipité. Les soldats l'occupent depuis début octobre. Elle leur sert de QG pour les transmissions avec le front qui, désormais, n'est qu'à deux kilomètres. C'est aussi l'endroit où l'on stabilise les blessés avant de les envoyer à l'hôpital.

Auparavant, la compagnie était stationnée à Izium. Ils ont donc connu la défaite face à la contre-offensive ukrainienne en septembre. Curieusement, ils n'éprouvent aucun regret quand on évoque avec eux le sujet, comme s'ils voulaient donner l'impression que leur retrait n'était que temporaire.

— Nous avancerons à nouveau si l'ordre nous est donné, assurent-ils.

En tout cas, leurs positions n'ont pas varié depuis lors.

Ce secteur du front est très meurtrier. Les vagues d'assaut ukrainiennes ont fait très mal. Leur sensibilité est à fleur de peau. Celui qui a braqué sa mitrailleuse sur nous tout à l'heure est occupé à présent à nous montrer les photos de sa famille sur son téléphone. Il a adopté une petite fille du village où nous sommes et dont les parents ont été tués dans un bombardement. Alors que le cuistot, qui est aussi tankiste à ses heures perdues, nous sert un repas bienvenu, le commandant Youra nous montre fièrement sa médaille. Il l'a obtenue en sauvant des blessés sous le feu.

Youra s'est engagé le 8 avril. À l'époque, il n'avait aucune expérience militaire. Son parrain avait servi en Afghanistan.

— Je lui ai dit : « Je veux aller à la guerre », affirme-t-il. J'avais entrepris des démarches pour m'enrôler auprès du ministère de la défense, mais je n'obtenais pas de réponse. Mon parrain m'a aidé à venir ici. Après deux semaines d'instruction, on m'a envoyé au front. Je l'ai fait par patriotisme. On aime notre président. On n'est pas d'accord avec certaines lois, mais on l'a suivi.

Dans ce secteur, les tranchées ennemies se situent parfois à 500 mètres seulement des leurs. Ces hommes ont pour mission de protéger la route, un axe important qui relie Lougansk au nord de l'oblast. Il se pourrait aussi qu'on leur demande d'avancer vers Bakhmout, ce qui ouvrirait aux Russes les portes de Slovyansk et Kramatorsk, dernières villes du Donbass tenues par les Ukrainiens.

Ici, l'artillerie règne en maître absolu. En témoignent les salves de GRAD et les obusiers qui détonnent à n'importe quelle heure, ainsi que l'état des routes. Face aux Russes se tient le bataillon Kraken[1]. Formée par des vétérans du bataillon « Azov » le jour de l'entrée des troupes russes en Ukraine en février 2022, cette unité d'élite ukrainienne est composée pour moitié d'étrangers, dont beaucoup de Polonais. Ces derniers ont grandi avec la haine du Russe. Les frères ennemis de l'Est soldent en ce moment des décennies de conflits anciens, d'oppression, de massacres. En Ukraine, comme souvent, la guerre a ressuscité le pire. Kraken, ce sont aussi pour partie des soldats d'élite avec, comme chez les Russes avec qui nous allons au front, des hommes de 18 à 60 ans qui ont participé à des conflits précédents. Bref, de part et d'autre de la ligne de feu, les hommes savent faire la guerre. C'est pour cette raison aussi que les combats qui se déroulent ici sont encore plus durs.

1. *The Washington Post*, "Ukraine's volunteer 'Kraken' unit takes the fight to the Russians", par Fredrick Kunkle et Serhii Korolchuk, 3 juin 2022, https://www.washingtonpost.com/world/2022/06/03/ukraine-kraken-volunteer-military-unit/.

21.
Le miracle du faisan

On part Dieu sait pour où ça tient du mauvais rêve
On glissera le long de la ligne de feu
Quelque part ça commence à n'être plus du jeu[1]

Tandis que les mortiers tonnent, j'ai en tête les vers d'Aragon, ce poète français qui traduisait Céline à Staline. En quittant nos positions pour nous rendre près de la ligne de front, des missiles de 220 mm traversent le ciel en sifflant. Les vétérans vont épauler la 16e brigade blindée, une unité de l'armée classique. Ce mélange entre volontaires et unités régulières est assez répandu sur le front.

Les vétérans ont rejoint une position de mortiers. Des soldats gravissent la colline en courant pour ajuster le tir. Les Russes sont passés à la vitesse supérieure dans le secteur, comme en témoignent la dizaine de T-72 et même un T-90 de dernière génération, regroupés à la lisière d'une forêt, canons tournés vers l'Ukraine et le soleil couchant. En repassant dans ce secteur le lendemain, ils avaient disparu. Ils ont été redéployés en direction de l'Ouest. Dans le dernier village situé sur la ligne de front, près de soixante chars seraient postés à la date du 20 janvier. Pendant que les alliés occidentaux

---

1. Louis Aragon, « Tu n'en reviendras pas », *in* : *Le Roman inachevé*, Gallimard, 1956.

tergiversaient pour savoir s'il faut ou non livrer des chars lourds à l'Ukraine, les Russes, eux, ne perdaient pas de temps. Ils ont profité des problèmes de ravitaillement que connaissait et connaît encore l'Ukraine pour grignoter du terrain sans passer à l'offensive... provisoirement. Cela pourrait bientôt changer.

De retour dans le village qu'occupent les soldats et où ils ont établi leur camp de base, une femme les prend à partie depuis le pas de sa porte.

— Mon fils a été arrêté ce matin, supplie-t-elle. Je n'ai aucune nouvelle. Il amenait du pain aux militaires et ils l'ont pris. Il n'a rien fait. Il n'est ni un bandit, ni un déserteur !

Les soldats la regardent d'un air sceptique. Parmi eux, personne n'est en mesure de lui donner des nouvelles de son fils. Les Russes m'ont affirmé que certains habitants avaient aidé les Ukrainiens en divulguant leurs positions. Depuis, dans le village, les relations se sont tendues. Les vétérans avaient aussi eu maille à partir avec les habitants lorsqu'ils étaient à Izium. Quand les Ukrainiens ont repris la ville, ils avaient accusé les Russes d'avoir tué des civils.

Le jour passe. Les explosions continuent. La nuit n'en est que plus sinistre, traversée de hurlements d'acier. D'où nous sommes, la ligne de front a l'air d'un chaudron diabolique, un volcan dont les scories se répandraient en semant la mort au hasard.

C'est le moment du café, avant le repas, avec, comme chaque soir, son lot de confidences. Dans la cuisine, autour de la table, chacun commente les photos de son iPhone. Elles traduisent tendresse et ultraviolence. La famille figure en bonne position mais, au milieu, se glissent parfois des photos d'Ukrainiens avec des trous béants dans la tête.

En commentant les siennes, Boga, une infirmière d'origine tchétchène m'assure qu'elle refuserait de soigner un Ukrainien blessé si le cas se présentait. Après trois mois au combat, la haine a creusé des abîmes dans les âmes. Quelques conscrits issus de la mobilisation partielle font relâche au QG des vétérans. Parmi eux, Eugène est le seul à parler un anglais correct. Âgé de 25 ans, il finissait ses études de traducteur à Voronej quand la mobilisation a été déclarée. Comme Youra, il n'avait aucune expérience militaire. Est-il satisfait de son sort ?

— Oui, affirme-t-il. Mais je n'ai pas eu le choix. Si l'OTAN n'était pas venue à nos frontières, il n'y aurait pas tout ça. Dites-vous qu'on s'en fiche d'envahir la Pologne et la France. On a trop de terres en Russie. Nous nous battons pour être tranquille chez nous, même pas pour nous, pour nos enfants.

*

Samedi 21 janvier, 6 h.

Je suis réveillé en sursaut par une explosion. Un mortier ukrainien est tombé au coin de la rue. Il a dû taper tout près, car le souffle a ouvert en grand la fenêtre, et le froid s'est engouffré dans la pièce. Les ronflements autour de moi m'apprennent que le tonnerre n'a réveillé personne. Je me lève pour aller refermer le battant. Je veux me rendormir, mais une souris – ou est-ce un rat ? – s'est glissée dans l'armoire jusqu'à côté de mon oreiller. Elle y grignote quelque chose. Impossible de l'en chasser. Du coup, je repense à l'obus qui aurait très bien pu nous tomber dessus.

Je repense aussi au BMP-3, le véhicule de transport de troupe carbonisé hier à l'aide d'un drone par les Ukrainiens. Sur le retour du front, nous y avons fait un stop pour récupérer dans la carcasse fumante les armes et les chargeurs de ses occupants morts. Leurs corps venaient d'en être extraits. Cela n'est pas toujours possible.

21. Le miracle du faisan

Dans certains secteurs, me racontait un sergent, des cadavres restent au sol longtemps car, vue l'intensité des combats, personne n'ose prendre le risque d'aller les relever. Au matin, nous profitons de quelques minutes de wifi pour apprendre que l'armée américaine conseille aux Ukrainiens de retirer leurs troupes de Bakhmout. En ayant constaté la quantité d'obus que les Russes envoie, je comprends mieux pourquoi l'endroit est surnommé le hachoir à viande.

La température a baissé. La terre, gorgée d'eau, est désormais glacée. Les routes sont redevenues praticables. À la nuit tombée, Youra décide de partir en reconnaissance sur des bâtiments soupçonnés de servir d'abris à des partisans ukrainiens. La route longe une ligne de crête derrière laquelle se situent les positions ukrainiennes. Les hommes aperçoivent des lumières de phare qui viennent de cette direction. Sans hésiter, Youra s'empare d'une roquette RPG, descend du véhicule, ajuste puis tire en direction des lumières.

*

Dimanche 22 janvier, 10 h.

Secteur de Kremina-Svatovoe. Il existe des moments où la vie ne tient qu'à une coordonnée transmise par un drone à un char ou à une pièce d'artillerie. Les obus sifflent, c'est leur raison d'être. Ce matin, ils ont tendance à s'abattre vraiment très près de nous, comme si quelqu'un nous avait repérés. Après une course folle à travers la zone rouge, un océan de boue et de maisons détruites par les combats, le commandant Youra n'aurait sans doute pas dû ranger la Lada sur une butte, le long d'une grange, à moins de 500 m d'un tank ukrainien dissimulé à l'orée d'un bois.

Trop tard. Un sifflement fait comprendre son erreur au commandant. Le caméraman le suit. Ils partent au pas de course en direction d'une tranchée où se trouve le PC des drones. Il est prévu qu'avec Charles, mon fixeur, et un soldat, nous rejoignions le groupe dans un deuxième temps. Oui mais voilà, un nouvel obus s'abat, nous forçant à trouver refuge à la hâte dans une grange. Nouveau sifflement suivi d'une détonation. Nous nous jetons par terre. Au quatrième tir, nous nous accroupissons dans les coins du bâtiment. Dans ces moments-là, si on pouvait s'enterrer, on ne s'en priverait pas.

Ça recommence. Je m'attends à ce que l'obus frappe la grange. En levant la tête, je constate en effet que son toit a été percé à plusieurs endroits. Je prends conscience à quel point nous sommes isolés, à la merci du canon du tank. Soudain, une voix derrière le mur demande en russe :

— Qui êtes-vous ?

Le soldat qui nous accompagne hésite. Dans le Donbass, tous les Ukrainiens parlent russe. C'est peut-être un piège. Il se risque néanmoins à se dévoiler :

— Vétéran ! dit-il. Et vous, qui est votre commandant ?

L'homme s'identifie à son tour. C'est bien un Russe. Les deux hommes appartiennent à la même compagnie, mais ils ne se connaissent pas.

— J'accompagne des journalistes français, explique le soldat.

L'autre tente alors de percer le mur à l'aide d'une masse pour passer à couvert. Dehors, les obus redoublent. Le mur ne cède pas. Il n'y a pas d'autre choix que d'ouvrir la porte et de courir si nous voulons nous extraire de ce piège et nous mettre à l'abri. Nous aspirons une grande bouffée d'air. Mon accompagnateur, lui, a allumé une cigarette avant de lancer son sprint. La guerre pousse à faire parfois des trucs absurdes...

Je cours à perdre haleine et sans sentir mes jambes au milieu d'un décors d'apocalypse. Sur ma droite un tracteur brûle. Il a reçu un

21. Le miracle du faisan

missile de plein fouet. Les maisons en contrebas sont réduites à des arpents de murs. Les arbres sont carbonisés. On décrit souvent cette guerre comme la quintessence de la modernité, avec ses missiles hyperboliques, ses munitions guidées, ses drones et ses optiques thermiques, il reste que pour les milliers d'hommes qui la font avec un courage inouï, le combat ressemble trait pour trait à celui des poilus de 14. Il se résume souvent à des corps-à-corps inimaginables, au milieu d'un labyrinthe de tranchées avec, pour se mettre à l'abri, les caves des maisons détruites.

Cent mètres plus loin, il y a une autre grange. À l'intérieur, les soldats ont creusé une tranchée dans la terre noire. Nous nous y jetons aussitôt, mais l'orage ne passe pas. Les Ukrainiens fixent toujours notre position. Un nouvel obus siffle. Le vieux sergent doté de canines en or qui dirige ce poste avancé m'explique qu'il se fiche de son sort.

— Je suis grand-père, m'apprend-il. Ma vie est derrière moi.

Il a baptisé son arme du prénom de sa femme. Il la tient posée contre sa joue.

— Ici, il n'y a jamais de trêve, ajoute-t-il, pas même pour s'échanger les morts.

Une haine absolue a libre cours dans ce coin de la Terre. Une haine presque familiale, entre gens qui, autrefois, cohabitaient paisiblement.

Soudain, c'est l'accalmie, après deux heures de bombardement. Que se passe-t-il ? L'explication est simple : les soldats sont des hommes, donc ils doivent se nourrir. Alors, sur les coups de midi et demi, sans s'être concertés car cela mécontenterait sans doute leurs supérieurs et les politiques, chaque camp décide de s'accorder une pause pour déjeuner.

Nous, nous profitons de l'accalmie pour nous enfuir. C'est une nouvelle course éperdue pour regagner la Lada de l'aller. Manque de bol, une fois que tout le monde est à l'intérieur, Youra qui a repris le volant, sans doute sous l'effet de l'adrénaline, se trompe et file à toute allure vers les lignes ukrainiennes.

— Fais demi-tour ! lui hurlent les autres soldats.

Il se rend compte de sa bévue, et nous repartons secoués comme des pruniers par les ornières gigantesques creusées sur la route. Deux soldats sont assis dans le coffre ouvert. Charles et moi les retenons fermement par leurs gilets pare-balles. Alors que la voiture ralentit enfin, une vision surréaliste apparait devant nous. Un faisan magnifique traverse la route devant nous. L'oiseau n'est pas stressé de se promener dans ce décor de bruit et de chaos. Youra arrête le véhicule. Un des soldats veut l'attraper pour améliorer l'ordinaire. Il sort, kalachnikov en main. Trop tard, l'animal a rejoint un fourré. C'est un miracle, comme si, sous ces cieux mortifères, il n'y avait que les hommes qui étaient autorisés à se tuer et que les bêtes, elles, pouvaient échapper à l'apocalypse.

*

Deux jours plus tard, le matin, je suis invité sur CNEWS, dans l'émission de Pascal Praud[1]. C'est un moment horrible, non pas en raison de la nature de l'émission, ni des autres invités : Pascal m'a gentiment convié pour que je raconte mon histoire. Mais le décalage est trop grand entre ce que je viens de vivre et l'atmosphère légère avec qui nous traitons en France d'un sujet comme l'Ukraine.

J'ai l'air en colère. Je suis marqué. J'ai des valises sous les yeux. Je veux que le monde comprenne que ce n'est pas possible que nous continuions avec cette guerre. Qu'envoyer plus de canons, ça ne

---

1. CNEWS, « L'heure des pros », 26 janvier 2023.

21. Le miracle du faisan

changera rien. Pour finir, nous risquons, nous aussi, de basculer et de nous retrouver dans des Bakhmout par centaines. Au cœur de cette longue guerre, nous, Européens, ressortirons comme à l'issue des précédentes, exsangues, usés, meurtris. Et, une fois encore, l'Amérique n'aura pas ce problème.

Conclusion

Jusqu'où peut aller la confrontation ? La guerre peut-elle se terminer dans un futur proche ? Ce sont les deux questions que tout le monde se pose.

Un effondrement du front côté russe est peu vraisemblable. Le général Marc Milley, chef d'état-major de l'armée américaine, le confirmait dans un point presse :

> La tâche militaire consistant à chasser physiquement les Russes de l'Ukraine est une tâche très difficile, et cela ne va pas se produire dans les deux semaines, à moins que l'armée russe ne s'effondre complètement, ce qui est peu probable. La probabilité d'une victoire militaire ukrainienne, définie comme le fait de chasser les Russes de toute l'Ukraine, y compris de ce qu'ils définissent ou revendiquent être la Crimée, la probabilité que cela se produise de sitôt n'est pas élevée, militairement parlant.[1]

Dans ce conflit, il faut écouter les militaires. Il existera toujours une dose de réalisme chez eux, quand les politiques restent à des hauteurs stratosphériques de bellicisme qui interdisent toute perception claire

---

1. 5-Reuters "Top U.S. general plays down probability of near-term Ukraine military victory", par Idrees Ali et Phil Stewart, 16 novembre 2022.

de ce qui se passe réellement sur le terrain. Je parle des militaires qui sont à la manœuvre, et non pas de ceux qui, à la retraite, œuvrent sur les plateaux télé avec un prisme idéologique affiché. Militairement, la situation est telle que la guerre risque certainement de se prolonger, chacun des deux adversaires étant, à ce jour, toujours persuadé que la victoire est possible.

L'autre scénario, souvent évoqué depuis le début du conflit, est celui d'une élimination de Vladimir Poutine par un coup d'État, ou de sa mise à la retraite pour raisons de santé. Attardons-nous sur l'aspect médical.

Le 4 janvier 2023, ABC News et BFMTV relayaient l'information émanant des services de renseignement ukrainien comme quoi Poutine serait mourant. On l'a vu depuis aux commémorations du 80ᵉ anniversaire de la bataille de Stalingrad où rien, dans son attitude, ne laissait transparaître une telle issue. De la maladie de Parkinson à la démence, du syndrôme d'Asperger au cancer, on a attribué à Poutine depuis le début du conflit au moins une dizaine de maladies différentes. Le problème, c'est que l'intéressé lui-même est venu contredire à chaque fois ces affirmations, en prononçant par exemple des discours de quatre heures sans aucune note, prouesse que son homologue américain, Joe Biden, serait bien incapable d'accomplir. La santé de Poutine a même servi d'explication au conflit. Poutine a un cancer, donc il déclenche une guerre car il n'a plus rien à perdre, entendait-on[1]. Sans parler des nombreuses psychanalyses de comptoir auxquelles nous avons assisté : le pauvre homme serait dément, isolé et prêt à entraîner son pays vers l'anéantissement. Il agirait sous l'emprise d'une folie maléfique.

---

1. *The Daily Star*, "Putin's 'terminal cancer' has made him desperate to invade Ukraine, warns expert", par Leigh Mcmanus, 6 mars 2022. https://www.dailystar.co.uk/news/world-news/putins-terminal-cancer-made-him-26397400.

À l'inverse, la santé de Joe Biden ne suscite pas plus que ça d'interrogations. Il faut pourtant rappeler, sans vouloir paraître accabler Sleepy Joe, comme le surnommait Donald Trump, que le président américain a récemment salué une grue de chantier à l'issue d'une prise de parole, et qu'il s'est endormi à la Maison Blanche alors qu'il recevait le président israélien. À part ça, l'un est mourant, l'autre en grande forme.

*

Pour comprendre la tectonique des plaques géopolitiques et comment les choses pourraient évoluer en Ukraine, il faut rester de l'autre côté de l'Atlantique. En effet, les Américains sont les seuls capables de mettre un terme à cette guerre.

En constatant le statu quo sur le terrain et en admettant que celui-ci est amené à durer, ils pourraient tout à fait mettre dans la balance leur soutien à l'Ukraine pour contraindre le président Zelensky à accepter des négociations, un plan de paix avec, par exemple, un retour aux frontières d'avant le 24 février 2022 et une discussion possible sur les statuts du Donbass et de la Crimée. À la faveur des élections de mi-mandat, les Républicains ont pris le contrôle de la Chambre des représentants. Ils ont indiqué qu'ils ne continueraient pas à envoyer indéfiniment des chèques en blanc à l'Ukraine, même si rien n'indique qu'ils comptent bloquer quoi que ce soit dans un futur proche.

Dans l'hypothèse où les États-Unis proposeraient un plan de paix, Vladimir Poutine serait sans doute tenté d'accepter. Le conflit a montré ses faiblesses et celles de son armée. Il a raté son entrée en guerre. Il n'a pas fait tomber le pouvoir à Kiev. Les Ukrainiens ont résisté. Zelensky est resté en poste, et les Russes ont reculé. Bénéficier d'un dialogue direct avec les Américains lui permettrait de hisser à nouveau la Russie au rang d'une puissance de premier plan. Cela satisferait l'idée qu'il se fait de lui-même et de son pays. C'était déjà ce que le président russe voulait, avant la guerre, lorsqu'il insistait pour dialoguer directement avec Joe Biden.

Pour l'instant, rien de semblable ne semble s'esquisser. Les deux camps sont dans l'état d'esprit où chacun pense qu'il peut encore gagner et que perdre est impossible. Reste que cette guerre est arrivée dans une impasse car il est patent que l'Ukraine ne peut pas gagner, pas plus que la Russie ne peut perdre.

Paix, négociation, diplomatie, raison et prudence : ces mots restent rares lorsqu'on parle de l'Ukraine. En conséquence, les armes vont continuer à arriver en nombre et il y a de fortes chances que le sang continue de couler.

*

Le 12 mai 2022, dans *Le Figaro*, Henri Guaino publiait une tribune intitulée : « Nous marchons vers la guerre comme des somnambules. » Ce titre s'inspirait de l'analyse du déclenchement de la Première Guerre mondiale par l'historien australien Christopher Clark.

Dix mois plus tard, les somnambules continuent leur chemin vers l'abîme. Leurs certitudes se sont renforcées. Quand ils évoquent, c'est assez rare, une hypothèse de paix et de négociation, l'Union Européenne et les États-Unis expliquent que cela se fera aux conditions dictées par les Ukrainiens, c'est-à-dire selon la définition de la victoire totale édictée par le président Zelensky. Ce dernier entend que son pays chasse totalement les Russes, retrouve les frontières d'avant le soulèvement du Donbass et aussi qu'il récupère la Crimée.

Les livraisons d'armes s'accélèrent. On est passé au char lourd et on s'interroge sur l'avion de combat et les drones de dernière génération. Dans l'objectif affiché d'une victoire ukrainienne, ces livraisons d'armes se sont accélérées aussi car l'hiver a montré des signes de faiblesse de l'armée ukrainienne. La contre-offensive démarrée en septembre a marqué le pas. Le front s'est stabilisé. Dans certains secteurs, les Russes sont repartis à l'offensive. Dans le Donbass, ils pratiquent un grignotage efficace. Il ne s'agirait pas que l'armée ukrainienne s'écroule... De leur côté les Russes sentent qu'il existe peut-être une opportunité de victoire. La nomination par Vladimir Poutine du général Gherassimov marque un tournant. La mobilisation de 300 000 combattants va peser lourd sur le champ de bataille.

Le point de non-retour n'est heureusement pas encore franchi. Les Occidentaux n'ont pas consenti à ce que l'Ukraine utilise l'armement fourni afin de frapper directement le territoire de la Russie. S'il y a déjà eu des frappes ukrainiennes sur des objectifs militaires, près des villes de Belgorod, Krasnodar, Rostov-sur-le-Don et même un peu plus au nord, à Voronej, rien n'indique que du matériel occidental ait été utilisé. Rien n'indique non plus que les Russes, en dehors d'effets rhétoriques visant à instiller la peur à l'échelle planétaire, soient à la veille d'orchestrer une frappe nucléaire sur l'Ukraine, ni d'envahir la Pologne, les États baltes ou la Moldavie. Même si la résolution du conflit est loin, nous pouvons encore rêver au temps où

> On ne bâtira plus de tombeaux
> Il n'y aura plus de chants funèbres
> Ce sera la fin de toute barbarie
> Oh que le ciel sera propre et pur au-dessus
> De notre absence, et le temps
> Nulle part n'aura d'horloge
> Il fera beau.[1]

---

1. Louis Aragon, *Les Chambres* [1969], *in : Œuvres poétiques complètes*, t. II, Gallimard, « La Pléiade », p. 1123.

Table

1. L'étrange Carl Larson 7

2. La résurrection de la relique 11

3. Le goût de la liberté 23

4. La sensation du vide 31

5. Mission tétine 35

6. La première nuit 45

7. Le blanc des yeux...53

8. Danger de la réalité..61

9. Le monde de boue 67

10. Les fragiles fondements des guerres 77

11. La fabrique de l'Histoire...83

12. La pièce de théâtre..93

13. L'étiquette arménienne 103

14. Le passeport et la mort...109

15. La vieille dame et la guerre 117

16. Les mots doux 125

17. L'ombre de Verdun..133

18. La nouvelle Sarajevo..141

19. Les damnés de la terre...147

20. L'éternelle chanson du pire......................................153

21. Le miracle du faisan 161

Conclusion 169